全球化
Globalization

楊雪冬／著

孟　樊／策劃

出版緣起

　　社會如同個人，個人的知識涵養如何，正可以表現出他有多少的「文化水平」（大陸的用語）；同理，一個社會到底擁有多少「文化水平」，亦可以從它的組成分子的知識能力上窺知。眾所皆知，經濟蓬勃發展，物質生活改善，並不必然意味著這樣的社會在「文化水平」上也跟著成比例地水漲船高，以台灣社會目前在這方面的表現上來看，就是這種說法的最佳實例，正因為如此，才令有識之士憂心。

　　這便是我們——特別是站在一個出版者的立場——所要擔憂的問題：「經濟的富裕是否也使台灣人民的知識能力隨之提升了？」答案恐怕是不太樂觀的。正因為如此，像「文化手邊冊」這樣的叢書才值得出版，也應該受到重視。蓋一個

社會的「文化水平」既然可以從其成員的知識能
力（廣而言之，還包括文藝涵養）上測知，而決
定社會成員的知識能力及文藝涵養兩項至爲重要
的因素，厥爲成員亦即民衆的閱讀習慣以及出版
（書報雜誌）的質與量，這兩項因素雖互爲影
響，但顯然後者實居主動的角色，換言之，一個
社會的出版事業發達與否，以及它在出版質量上
的成績如何，間接影響到它的「文化水平」的表
現。

　　那麼我們要繼續追問的是：我們的出版業究
竟繳出了什麼樣的成績單？以圖書出版來講，我
們到底出版了哪些書？這個問題的答案恐怕如前
一樣也不怎麼樂觀。近年來的圖書出版業，受到
市場的影響，逐利風氣甚盛，出版量雖然年年爬
升，但出版的品質卻令人操心；有鑑於此，一些
出版同業爲了改善出版圖書的品質，進而提升國
人的知識能力，近幾年內前後也陸陸續續推出不
少性屬「硬調」的理論叢書。

　　這些理論叢書的出現，配合國內日益改革與
開放的步調，的確令人一新耳目，亦有助於讀書
風氣的改善。然而，細察這些「硬調」書籍的出

版與流傳，其中存在著不少問題。首先，這些書
絕大多數都屬「舶來品」，不是從歐美「進口」，
便是自日本飄洋過海而來，換言之，這些書多半
是西書的譯著。其次，這些書亦多屬「大部頭」
著作，雖是經典名著，長篇累牘，則難以卒睹。
由於不是國人的著作的關係，便會產生下列三種
狀況：其一，譯筆式的行文，讀來頗有不暢之
感，增加瞭解上的難度；其二，書中闡述的內
容，來自於不同的歷史與文化背景，如果國人對
西方（日本）的背景知識不夠的話，也會使閱讀
的困難度增加不少；其三，書的選題不盡然切合
本地讀者的需要，自然也難以引起適度的關注。
至於長篇累牘的「大部頭」著作，則嚇走了原本
有心一讀的讀者，更不適合作為提升國人知識能
力的敲門磚。

　　基於此故，始有「文化手邊冊」叢書出版之
議，希望藉此叢書的出版，能提升國人的知識能
力，並改善淺薄的讀書風氣，而其初衷即針對上
述諸項缺失而發，一來這些書文字精簡扼要，每
本約在六至七萬字之間，不對一般讀者形成龐大
的閱讀壓力，期能以言簡意賅的寫作方式，提綱

挈領地將一門知識、一種概念或某一現象（運動）
介紹給國人，打開知識進階的大門；二來叢書的
選題乃依據國人的需要而設計，切合本地讀者的
胃口，也兼顧到中西不同背景的差異；三來這些
書原則上均由本國學者專家親自執筆，可避免譯
筆的詰屈聱牙，文字通曉流暢，可讀性高。更因
為它以手冊型的小開本方式推出，便於攜帶，可
當案頭書讀，可當床頭書看，亦可隨手攜帶瀏
覽。從另一方面看，「文化手邊冊」可以視為某
類型的專業辭典或百科全書式的分冊導讀。

　　我們不諱言這套集結國人心血結晶的叢書本
身所具備的使命感，企盼不管是有心還是無心的
讀者，都能來「一親她的芳澤」，進而藉此提升
台灣社會的「文化水平」，在經濟長足發展之
餘，在生活條件改善之餘，國民所得逐日上升之
餘，能因國人「文化水平」的提升，而洗雪洋人
對我們「富裕的貧窮」及「貪婪之島」之譏。無
論如何，「文化手邊冊」是屬於你和我的。

孟　樊

一九九三年二月於台北

序

如果要列舉二十世紀末最熱門的詞語，「全球化」肯定屬於其中之一。這個大約在1960年才進入英語世界日常生活的詞，[1]借助英語國家的強勢地位和英語詞組合的便利（具體體現爲前綴和後綴，名詞、形容詞和動詞之間的相互轉化），從一九八〇年代後期開始也逐漸侵入了其他語言文明，特別是發展中社會，在某種程度上成爲開放性和世界性的標誌。而在主流媒體的宣傳和政治家的鼓動下，它甚至帶上了一定的意識形態色彩和啓蒙運動特徵。儘管如此，隨著全球化在社會經濟文化諸領域中作用的明顯化，牽涉其中的各主體之間關係的衝突與調整，「全球化」也引發了諸多的爭論。

在2000年出版的一本關於「全球化」的讀本

中，作者特別講述了這樣一個故事來說明全球化
造成的多元影響及其引發的多樣認識和判斷：有
一個新發現的小島，關於如何使它加入到世界社
會中來引發了熱烈討論。有人提出，可以透過吸
引外資來開發島上資源，從而把小島整合到國際
經濟中去；有人認為那些大國應該伸出援助之
手，幫助它建成一個有能力的國家，並且把它納
入自己的策略聯盟；有人建議國際組織應該積極
為它提供支援和建議，使之成為全球政治穩定的
參與者；有人則強調應該派有關專家幫助它建立
起與其他社會類似的制度；還有人強調應該有組
織出面幫助它保存自己的傳統文化，抵制世界文
化的入侵。大家議論紛紛，沒有結果。

　　在全球化進程中，人類其實也處於類似的需
要選擇的關鍵性路口。對於地球上各個角落的個
體、群體以及共同體來說，時間和空間關係正發
生根本性的變革，自身的每一步選擇都可能影響
到自己、他者、人類以及整個生存空間的存續。
這並不是杞人憂天或者危言聳聽。一方面，在這
樣一個相互聯繫和依存日益緊密的時代，「蝴蝶
效應」的發生也許在時間上更快，在範圍上更

廣。全球氣候的變暖以及1997年蔓延迅速的金融
危機已經證明了這點；另一方面，利益的維護和
爭奪更加明顯。西雅圖世界貿易組織會議期間爆
發的大規模抗議，京都議定書簽訂的一波三折都
折射出不同利益群體面對這場偉大變革暴露出來
的無措和焦慮。因此，如何在歷史進程中定位全
球化，瞭解當代全球化的向度，其產生的挑戰和
提供的機會對於每一個行為主體來說都是非常重
要的。

[1] M. Waters, *Globalization* (London: Routledge, 1995), p.2.

目　錄

第一章
一個被「全球化」的
概念

　　西方理論界中關於全球化的確切定義眾說紛
紜。比如，羅賓・科恩（R. Cohen）和保羅・甘
乃迪（P. Kennedy）在2000年出版的《全球社會
學》中歸納了六種對「全球化」的理解：時空概
念的變化；文化互動的增長、世界所有居民都面
臨的共同問題的增加；相互聯繫和相互依存的增
強；跨國行為體的發展和跨國組織網絡的擴展；
全方位的一體化。[1]造成這種現象的原因有三：
首先，全球化的影響無所不及，涉及經濟、政
治、文化等各個社會層面；其次，人和團體的反
應各式各樣。由於它們在全球化進程中的位置、
受衝擊程度以及各自的傳統背景等情況不同，所
以各自從不同角度看待著全球化；最後，從詞源

學的角度講，「全球化」這個詞本身是一個非常
嶄新的詞，沒有一個傳統上內涵和外延非常明確
的指定涵義。那麼，全球化究竟是什麼呢？

一、全球化是否存在？

　　在理論界，對於全球化是否是一個現實存在
一直存在著爭論，儘管爭論的雙方在力量上並不
平衡。否認全球化存在的學者分為兩派，一派認
為，現在所說的全球化不過是對區域化的誇大；
另一派認為，從經濟開放程度上看，現在的國際
經濟並沒有超過第一次世界大戰前的水準。現在
來看，第一種觀點似乎有些無理糾纏的味道，因
為畢竟區域化是全球化的必要組成部分和發展的
前提條件；而第二種觀點則是依據經濟統計數據
得出的結論，有著自身學術上的邏輯嚴密性，但
是為了論證的合理，而忽視了更廣的現實。現在
的國際經濟與二十世紀之初的國際經濟有著巨大
的不同，這主要體現在三個方面：

1. 在1914年前，世界大部分地區並沒有參與到國際活動之中，而現在世界各個角落都被捲入了全球化。

2. 第一次世界大戰之前國際貿易的發展是運輸成本下降推動的，而現在則是通訊成本下降推動的。而這種技術創新帶來公司乃至社會組織方式的變革，而且它們之間的相互聯繫更加緊密。

3. 即使在資本流動總量上現在沒有達到世紀之初的水準，但是國際金融流量大大超越了以前，尤其是證券和外匯交易發展迅速。

因此，「全球化是否存在」現在已經不是爭論的問題，而全球化究竟如何發展、會產生怎樣的影響才是問題。從二十世紀九〇年代末以來，全球化在西方社會生活和社會科學研究中出現的頻率就可以證明這點。

二、全球化開始的時間

　　這是一個非常有趣的問題。克利福‧甘保爾
（Clive Gamble）認爲，全球化的第一個標誌是人
類幾乎在全球的分布。[2]的確，從某種角度來
說，全球化就是人類行爲的空間範圍不斷擴大的
過程。但是這種看法過於寬泛，無法凸現出全球
化所具有的獨特性。有人從市場角度出發，把全
球化的起源歸到十一世紀，當時市場和契約關係
開始出現並發展起來。這種看法顯然有些偏頗，
把全球化簡單地等同於市場的擴張，沒有看到全
球化是一個超越了經濟領域的現象。人們通常的
看法是把全球化看成是一個近代才出現的現象，
因此對全球化開始的時間爭論經常集中在近代。
皮特斯（J. N. Pieterse）總結了幾個具有代表性的
觀點（見表1-1）。總的來說，雖然在具體時間上
有出入，但是全球化作爲一種具體的存在是近代
以來出現的。

表1-1　幾種關於全球化開始時間的代表性觀點

作者	全球化開始的時間	體現的形式
馬克思	15世紀	現代資本主義
華勒斯坦	15世紀	資本主義世界體系
羅伯遜	1870-1920年	多向度的
紀登士	18世紀	現代化
波爾穆特 (Perlmutter) *	東西方衝突的結果	全球文明

* H. V. Perlmutter, "On the rocky road to the first global civiliza-
tion", in *Cultrure, globalization and the world system*, ed. by
A. King (London, 1991).

資料來源：J. N. Pieterse, "Globalization as hybridization," in
Global modernities, eds. by M. Featherstone, S.
Lash, & R. Robertson (London, 1995), p.47.

三、全球化緣起的地點

　　這個問題似乎沒有太多的爭議。學界普遍認
為全球化是從西歐開始出現的。在當時的各文明
中，只有西歐具有了向更大的地理空間擴張的條
件。但是這裡的關鍵問題是把全球化看作是近代
以來的現象，還是看成一個人類長期發展的過

程。如果看成是近代以來的現象，那麼必須找到
一個起點，那麼這個點肯定與西方世界的崛起和
擴展有直接的聯繫。如果把全球化看作人類長期
發展的過程，那麼每一種文明在價值取向上都有
世界關懷和擴展取向，並且在實際的發展過程中
一直追求著這種價值。因此，在這個意義上，全
球化進程的起點不是一個，而是多個。現有的大
多數全球化文獻，基本都明確或者隱含地把全球
化進程的起點認同在近代西歐，這毫無疑問擁有
更確切、更實在的歷史證據，並且對於分析全球
化進程的基本動因──經濟因素具有明顯的優勢
和便利性。但是，值得研究者注意的是，這種認
同必須與「西方中心論」區分開來。要把歷史進
程的辨認和價值取向區分開來。在肯定西方在近
代以來的全球化進程中的主導地位的同時，從價
值取向上採取普遍主義的態度，平等對待非西方
的社會力量，尤其是它們對全球化進程的推動作
用和平衡作用。這種態度無論是對於理論者還是
實踐者認識當代全球化進程，把歷史眼光和普世
關懷有機地結合在一起是非常重要的。

四、全球化的動力和推動者

　　生產力，尤其是知識的積累普及和技術的發展是全球化進程向前的根本動力。在這個問題上並沒有太多的爭論。半個世紀以來的全球化進程充分說明了這點。知識的積累普及提高了人類的認知能力，開闊了視野和包容胸懷。運輸工具和通訊工具的不斷革新縮短了空間距離，直接造成了生產成本的下降、人類活動範圍和想像空間的擴大、相互交往的深入，從而改變了人們的時空觀念，出現了紀登士（Anthony Giddens）所說的「時空壓縮」。至於全球化的推動者，我們可以列舉出民族國家、國際組織、跨國公司以及個人。從總的趨勢來說，這些主體的數量和活動範圍是不斷擴大的。民族國家是全球化進程開始以來最主要的推動者，雖然隨著全球化進程的加速，其地位和職能遇到了挑戰，但是至少在相當長的時間內，它依然是人類最重要的制度形式。國際組織被認為是全球化活動規則的主要制定者和全球

治理的執行者。而且這些作用越來越突出。跨國
公司是資本擴張的載體，是經濟全球化的集中體
現者，無論在經濟規模還是在活動範圍上影響力
不斷擴大。而個人則由於活動領域的擴大而充當
了文化交流和交往的中介和體現。

五、全球化的向度

　　全球化是一個多向度的過程，包括社會、政
治、經濟、文化、軍事等諸多領域的變革。因
此，我們可以說經濟全球化、政治全球化、文化
全球化。這些領域變革的總趨勢是相互交往的加
深與擴大，而且這些領域相互之間的聯繫程度也
在加深。在這種交往方式變革的過程中，出現了
新的制度實體和規範性規則。但是，在這個總趨
勢之下，還存在許多即時性問題，由於這些問題
常常界乎於新舊制度之間，一方面舊制度無力應
付，另一方面新制度還不成熟，所以會產生強烈
的負面影響，引發激烈的反對。在這些負面影響
中，突出的有兩種：霸權主義、基本教義主義。

前者指的是為了自己的利益，力圖把自己的模式
推廣到全球範圍，並且為此不惜付諸武力；後者
並不是單純宗教意義上的，泛指一種武斷地維護
某種教義，沒有寬容的態度。從本質上來說，霸
權主義和基本教義主義都是一種中心主義，都忽
視了全球化的多元特徵。全球化的多向度特點需
要各個學科的共同關注和相互合作。約翰·邁克
萊恩（John MacLean）透過對西方國際理論的傳
統的梳理指出，現有對全球化的研究應該從跨學
科的解釋轉向反學科的解釋。所謂的反學科，就
是要清理本學科的內在問題和缺陷，把全球化納
入研究的視野和學科系統中。[3]

六、與全球化相關的概念

　　全球化的多向度特點直接決定了不同領域對
全球化的不同理解，因此也相應出現了多種與全
球化相關的概念。這些概念可以分為兩大類，一
類從全球化作為一種實際運動進程和發展趨勢角
度出發；另一類是從全球化作為一種觀念影響力

出發。

(一)從作為一種實際運動進程和發展趨勢角度出發

　　在這一類中，表述的方式是「XX化」，可以列舉出來的包括區域化（regionalization）、國際化（internationalization）、跨國化（transnationalization）、超國化（supranationalization）、世界化（cosmopolitanization）、美國化（Americanization）、麥當勞化（McDonaldization）等。在這些概念中，前四種主要是政治經濟意義上的，後三種主要是社會文化意義上的。從構詞學的角度看，國際化、跨國化、超國化這三個詞的詞根是國家／民族（nation），實際上就是現代民族國家。換句話說，這三個概念都是圍繞民族國家展開的，揭示了與民族國家有關的由不同主體承當的不同變化趨勢。國際化強調的是國家之間聯繫廣度和深度的加強，更多地著力於國家。跨國化指的是非國家主體，特別是企業活動範圍超出國界。這個概念與跨國公司有著密切聯繫。超國化相比之下是一個非常新的詞，被認為是歐盟建立

以來形成的新概念。它強調的是出現了超越國家，並且能夠全面替代具體國家的政治經濟實體趨勢。歐盟是典型代表。而區域化強調的是在特定地區的國家之間進行經濟合作的制度化形式。區域化被認為是全球化的必要組成部分和制度化實現的前提。世界化這個詞與基督教思想有密切聯繫，強調的是全球觀念的趨同。美國化和麥當勞化帶有強烈的社會文化批判色彩，美國化指的是美國的價值觀念、消費方式在世界範圍的擴張，而麥當勞化指的是社會文化領域的快餐化和消費文化的擴張。實際上它們都反對這兩種現象和變化。

(二)從作為一種觀念影響力出發

這一類概念的表述方式是「XX主義」。例如全球主義（globalism）、跨國主義（transnationalism）、區域主義（regionalism）、超國主義（supranationalism）和世界主義（cosmopolitanism）。以「主義」（ism）作詞尾，強調這些概念表述的是一種理念或者觀念，是與它們相關的過程背後的指導性原則。全球主義通常被認為是

新自由主義在全球化問題上的代名詞，但是也有
人把所有認為全球化是一種天命論趨勢的觀點稱
為全球主義，這樣一些左翼觀點也被包括進來。
籠統地說，所有支持全球化的觀點都被稱為全球
主義。保羅·克羅斯等人（Paul Close & Emiko
Ohki-Close）認為跨國主義是一種政治教義、一
種意識形態和運動，主張（特定的）民族國家和
民族要把合法性、權威以及主權交給一個超民族
（國家）的憲政體制（constitutional regime）。[4]跨
國主義被認為是跨國資本在全球擴張的基本價值
取向和指導原則，而世界主義強調的是世界如何
在共同的價值規範和尺度下實現整合。這些與
「主義」相關的概念很容易與某種意識形態混雜
在一起，成為其應對現實的主要工具和手段。

　　總的來說，這兩類概念從不同角度揭示了全
球化的實際進程及其對觀念領域的影響和衝擊，
它們之間雖然側重點不同，但是具有相互補充的
價值。同時，這些概念的不同也說明了全球化是
一個多元的過程，這種多元性不僅體現在主體的
多元上，而且體現在認知和進程的多元上。正如
達倫道夫所說，「對全球化不能僅僅理解為是單

行線上的一條路，而應該理解爲與所有人、所有企業、所有國家都同樣有關的一條路」。[5]

七、對全球化的界定

縱觀現有的理論，全球化概念大致有如下幾種界定：

(一)從資訊通訊角度

從資訊通訊角度，全球化被認爲是地球上的人類可以利用先進的通訊技術，克服自然地理因素的限制進行資訊的自由傳遞。馬歇爾・麥克魯漢（Marshal Mcluhan）在其1960年出版的《傳播探索》（*Explorations in Communication*）一書中提出的「地球村」（global village）恐怕是這種認識的始作俑者。而且這種認識影響了許多把全球化歸因於技術進步的學者。

(二)從經濟角度

從經濟角度，全球化被視爲經濟活動在世界

範圍內的相互依賴，特別是形成了世界性的市場，資本超越了民族國家的界限，在全球自由流動，資源在全球範圍內配置。這種經濟全球化是自由派經濟學家心目中經濟發展的最終和理想狀態，也是眾多跨國公司希望的結果。這種認識把經濟全球化的根本動力歸結爲市場的發展，從而把國家在理論上推到了全球化障礙的一面。

(三)從危及人類共同命運的全球性問題角度

從危及人類共同命運的全球性問題角度，全球化被視爲人類在環境惡化、核子威脅等共同問題下，達成了共同的認識。著名的羅馬俱樂部是這方面的突出代表。

(四)從體制角度

從體制（system）角度，全球化被看作是資本主義的全球化或全球資本主義的擴張。在這方面，毫無疑問，華勒斯坦的世界體系理論是最有代表性的嘗試。[6]他認爲不平等交換形成了中心—半邊緣—邊緣結構的世界體系。這個體系的本質是資本主義世界經濟。在他之後，美國學者德

里克（Dirlik）認為「全球資本主義」也可以稱
作「靈活的生產」，也是歐內斯特‧曼德爾所說
的「晚期資本主義」。它指的是在新的經濟「規
制」（regime）下商品、金融交易以及生產過程本
身的前所未有的流動。英國學者斯克萊爾
（Sklair）則更直接提出資本主義為核心的全球體
系（global system）正在世界範圍內擴展。[7] 她強
調資本主義在全球擴張不僅是一個經濟過程，而
且是政治、文化過程，更確切地說是三者統一的
過程。另一個左翼學者阿爾博（G. Albo）明確地
說，「全球化必須不僅被視為一種經濟規制，而
且是一種社會關係體系，它植根於社會權力特有
的資本主義形式中，而且這種權力控制在私人資
本和民族國家手中。基本上講，全球化意味著市
場作為一種經濟規範者（regulator）日益普遍
化。」他還進一步強調「全球化只是資產階級的
國際化」。[8]

(五)從制度角度

從制度（institution）角度，把全球化看作是
現代性的各項制度向全球的擴展。英國學者紀登

士是這方面的突出代表。他認爲全球化不過是現
代性（modernity）從社會向世界的擴展。它是全
球範圍的現代性，因爲「現代性骨子裡都在進行
著全球化」。[9]紀登士這種制度主義觀點被羅伯遜
（Roland Robertson）批評爲忽視了文化和文明在
定義全球化中的意義。[10]

(六)從文化和文明角度

　　從文化和文明角度，把全球化看作是人類各
種文化、文明發展要達到的目標，是未來的文明
存在的文化。它不僅表明世界是統一的，而且表
明這種統一不是簡單的單質，而是異質或多樣性
共存。這一派學者更強調全球化是一個動態的、
矛盾衝突的過程，它沒有一個單一的邏輯，而且
也不會出現其他學者所說的某種統一、一致的局
面。在這方面，最早系統闡述該思想的是埃利亞
斯（Ｅｌｉａｓ）。此後有羅伯遜、費舍斯通
（Featherstone）等人。羅伯遜認爲「全球化作爲
一個概念指的是世界的壓縮（compression）以及
把世界作爲一個整體的意識的增強（intensifica-
tion）。但是必須強調的是全球化不等於或不能被

看作是隨意考慮中的現代性的直接後果。」[11]費
舍斯通在給一專題雜誌寫的導言中提出了全球文
化（global culture）出現的可能性。[12]他認為全
球文化的相互聯繫狀態（interrelatedness）的擴展
也是全球化進程，它可以被理解為導致了全球共
同體（ecumene）——「文化持續互動和交流的地
區」——的出現。值得注意的是，九〇年代以來
越來越多的學者成了這種觀點的擁護者。

(七)從社會過程角度

　　從社會過程角度來界定全球化。例如，渥特
斯（M. Waters）認為「（全球化）是一個社會過
程。在這個過程中地理對社會和文化安排的約束
減弱了，身處其中的人們越來越清楚地意識到這
點。」[13] 澤梅（Randall D. Germain）認為渥特斯
的定義雖然從社會學角度講，具有很高的價值，
但是忽視了社會實踐與特定的話語之間相互聯繫
的某些最動態的方式以及社會實踐所體現的一些
制度化的社會關係。他主張在研究中要突破普
遍－特殊、全球－本土以及內部－外部的兩分
法。[14]貝克認為全球化指的是一個過程，在這個

過程中，主權受到具有不同力量前景、取向、認同以及網絡的跨國行爲體的困擾和削弱。全球化意味著沒有世界國家，或者更準確地說，是沒有世界國家和世界政府的世界社會。可以透過三個變量來衡量全球化的程度：空間的廣度；時間上的穩定性；跨國網絡、關係和形象流動的社會強度。透過這三個向度可以清楚地看到當代全球化的嶄新之處。[15]

　　當然，上面列舉的只是幾種有代表性的觀點。有的學者試圖把各家觀點綜合起來，以圖得到一個全面的定義。例如，姆利納爾（Z. Mlinar）在一篇文章中把全球化概括爲：世界層次上不斷增強的相互依存；統治和依賴的擴大；世界的同質化（homogenization）；「區域共團體」（territorial communities）內部的分化；以及克服時間間斷（discontinuities）的手段。[16]還有的學者試圖排除價值判斷，給出一個中性的定義。如麥克格里（A. G. McGrew）認爲，全球化是「組成當代世界體系的國家與社會之間的聯繫和相互溝通的多樣化」，是「世界某個部分發生的事件、決定和活動能夠對全球遙遠地方的個人和團體產生重

要影響」的過程。[17]

以上諸多定義充分說明全球化具有多向度特徵，因此在定義全球化時應該避免以下偏頗：(1)不能只從一個方面、一個領域考慮全球化；(2)不能只用現有的分析單位，如國家、個人、跨國或國際團體等考慮全球化，要把不斷增加的各類行為者——他們的意識和存在的目的是跨國的或全球性的，而且對於世界秩序有著迥異的看法——考慮進來；(3)不能把全球化過程歸結為一種「邏輯」，如華勒斯坦將其歸為不平等交換創造的國際勞動分工。

縱觀這些定義，我們可以對全球化做以下界定：

1.全球化是一個多向度過程。

2.全球化在理論上創造著一個單一的世界。

3.全球化是統一和多樣並存的過程。

4.現在的全球化是一個不平衡發展過程。除了全球經濟初見端倪之外，沒有出現全球政治體系、全球道德秩序或世界社會；同時這種不平衡還體現為利益分配的不平等

　　和力量的不均衡方面。從某種意義上說，
　　全球化實際上是局部問題可能惡化的過
　　程。

5.全球化是一個衝突的過程。國家、個人、
　　各種各樣的團體、組織以及不同的文化都
　　涉及進來。

6.全球化是一個觀念更新和範式（paradigm）
　　轉變的過程，正如義大利學者M. I. 康帕涅
　　拉所說：「全球化不是一種具體、明確的
　　現象。全球化是在特定條件下思考問題的
　　方式。」[18]

　　總之，在全球化定義中，應該強調權力關
係、背景和話語。強調全球化是一個混合化的過
程。全球化不僅是結構意義上的，還是實質意義
上的。同時強調多元化與一元化、多中心與一中
心之間的辯證關係，以及相互之間的交叉和融
合，這樣才能展現全球化過程的立體性和複合
性。

註釋

[1] R. Cohen & P. Kennedy, *Global sociology* (London: Macmillan, 2000).

[2] Clive Gamble, *Time walkers: The prehistory of global colonization* (London: Alan Sutton, 1994).

[3] John MacLean, "Philosophical roots of globalization and philosophical routes to globalization," in *Globalization and its critics: Perspectives from political economy*, ed. by Randall D. Germain (NY: St. Martin's Press, Inc., 2000).

[4] Paul Close & Emiko Ohki-Close, *Supranationalism in the new world order: Global process reviewed* (London: Macmillan, 1999), p.55.

[5] 達倫道夫，〈處在走向獨裁世紀的門檻上：全球化及其社會後果將成為對自由政策的挑戰〉，《時代》（德國），1997，期47。

[6] Immaneul Wallerstein, *The modern world-system* (New York: Academics Press, 1974).

[7] L. Sklair, *The sociology of the global system* (Baltimore: Johns Hopkins University Press, 1991).

[8] Gregory Albo, "The world economy, market imperatives and alternatives," *Monthly Review,* 1996, 12, p.16.

[9] Anthony Giddens, *The consequences of modernity* (Cambridge: Polity Press, 1990), p.63.

[10] Roland Robertson, *Globalization: Social theory and global*

culture (London: Sage, 1992).

[11] Ibid.

[12] Mike Featherston, "Global culture: An introduction," *Theory, Culture and Society*, 1990, 7.

[13] M. Waters, *Globalization* (London: Routledge, 1995), p.3.

[14] "Introduction: Globalization and its critics," in *Globalization and its critics: Perspectives from political economy*, ed. by Randall D. Germain (NY: St. Martin's Press, Inc., 2000).

[15] Ulirich Beck, *What is globalization?* (London: Polity Press, 2000).

[16] Zdravko Mlinar, "Individuation and globalization: The transformation of territorial social organization," in *Globalization and territorial identities*, ed. by Mlinar (England: Ivobury Press).

[17] A. G. McGrew, "Conceptualizing global politics," in *Global politics: Globalization and the nation-state*, ed. by P. Mcgrew & G. Lewis (Cambridge: Polity Press, 1992), p.5.

[18] 康帕涅拉，〈全球化：過程和解釋〉，梁光嚴譯，《國外社會科學》，1992，期7。

第二章
全球化的歷史軌跡

　　思想意義上的「全球化」是伴隨人類文明的產生而出現的。考察人類文明史，將世界看成一體、主張世界大同或天下一家的思想淵遠流長。基本上每一種文明都有一套以自我爲中心的認知世界的體系。儒家文明、基督教文明、伊斯蘭文明等或者用天或者用神來作爲世界的起源和歸宿。但是以物質力量的形式體現出來的「全球化」是近代以來的產物。一方面現代技術和制度的發展爲全球化的出現提供了支持和推動，另一方面全球化也逐漸成爲一種觀念的力量，爲一些技術和制度的全球擴展和傳播提供了理念上的證明。

一、全球化的開啓

　　曼耐爾（S. Mennell）說：「任何確認像全
球化這樣的主要社會變遷的確切開端的企圖都可
能證明是誤入歧途的。」[1]儘管如此，許多學者
認爲全球化進程大致發端於十五世紀的歐洲。當
時的航海大發現使人類的腳步可以從一個大陸跨
到另一個大陸之上，從而實現了湯恩比所說的從
草原到海洋的「革命性變革」。「西方人從它獲
得了好運，獲得了比其他文明更爲優先的發展，
並迫使其他文明統一於眞正單一的世界範圍的社
會中。」[2]以輪船爲代表的運輸工具的革命爲全
球化進程奠定了堅實的技術物質基礎。

　　遠洋航運的開始，使歐洲特別是西歐與其他
文明地區區別開來。在隨後的十六、十七世紀
中，西歐出現了：資產階級這一以追逐利潤爲根
本目的的新興階級；圍繞民族國家（nation-state）
形成的包括常備軍、稅收等現代國家制度以及以
主權平等爲核心的現代國家體系（system of

states）；第一次工業革命使機械力代替了人力，
很大程度上克服了自然的限制；文藝復興運動高
揚了理性、進步的旗幟，爲西方文明注入了新鮮
活力。經歷了這二百多年的變革，西方有能力同
時也在本質上要求向世界各地擴張。因此，十七
世紀以來，一直到第一次世界大戰的爆發（1914
年），這兩個世紀中全球化進程的主題是西方國
家的對外擴張。

這種擴張的動力是資產階級對高額利潤的追
求；其支持是能夠全面動員國內資源的現代民族
國家和先進科技創造出的軍事武器、運輸工具、
通訊方式以及更好的醫療保障，其表現形式一是
大規模占領殖民地，到1914年時，英、法、德、
比、葡、荷、義大利七國的海外殖民地在數目上
達到一百一十五個，面積達20,453,757平方英
里，是其領土的二十多倍，人口達530,493,654，
是其人口的近三倍。這些國家把殖民地既當作提
供豐富資源的生產者，又把它作爲銷售產品的市
場。二是移民浪潮的不斷擴大，到十九世紀末，
移民浪潮已達前所未有之勢。十九世紀二〇年代
共有十四萬五千人離開歐洲，到五〇年代約有二

百六十萬人，1900年至1910年間達到了頂峰，共
有九百萬移民，幾乎每年為一百萬人。[3]在軍事
武力的支持下，人員、物質以及資訊出現了前所
未有的大規模的世界範圍的流動，原來被地理因
素分割的各大陸上的人群開始溝通交往，而西方
人在這種交往中占據了優勢地位。

　　在這一時期，西方的一些學者已經開始有意
識地把世界作為一個整體加以看待。如康德在其
晚年要在理論上證明世界永久和平的可能；孔
德、聖西門等人已經對全球化進行了研究，但是
如羅伯遜所說，在經典社會學時期，正是民族國
家和民族主義走向成形的時期，他們面臨著「民
族化」（nationalization）和「全球化」兩個問
題，結果是前者壓倒了後者成為了理論研究的主
題。[4]這一時期一些學者的研究確立了現代西方
社會科學的基本分析單位——民族國家，和分析
方法——國家中心論和西方中心論。西方的發展
過程和基本的經驗自然而然地成為了西方理論的
出發點和抽象的基礎。而啟蒙時代所倡導的價值
成了西方理論的基本價值。

二、世界大戰的衝擊

　　依靠武力不斷擴展殖民地的西方國家從十七
世紀末起開始有意識地利用「重商主義」理論來
加強貿易保護，增加國家收入，但是自由主義經
濟學在亞當‧斯密、大衛‧李嘉圖等人的鼓吹
下，隨著英國殖民領袖地位的確立，戰勝了重商
主義，獲得了政治上的支持和實踐。持這種觀點
的人把國際勞動分工和商品自由交換看作是天
意。他們認為自由貿易的發展將克服國家之間的
戰爭，最終把永久和平帶給人類，正如著名的自
由主義者理查德‧科布登所說，自由貿易「按照
道德秩序行事，如同宇宙萬有引力定律一樣，將
人們吸引在一起，將種族、信仰、語言的對立拋
在一邊，把我們團結在永久和平的紐帶中。」自
由主義成為全球化進程的重要動力──市場的全
面證明。然而理論上的自由主義經濟原則和現實
相差甚遠，以號稱「自由貿易帝國」英國為例
子，兩位英國歷史學家──J. 加拉赫和R. 魯濱遜

一針見血地說，「通常將帝國的自由貿易政策總
結為『是貿易而不是統治』，其實它應該讀作
『如果可能，是非正式控制下的貿易，如果必
要，則是統治下的貿易』。」[5]

　　十九世紀後半期，最惠國待遇開始在一些國
家間採用，削減關稅更為普遍。此外，工業化的
發展成為推動世界貿易發展的重要力量。蒸汽動
力在鐵路航運中的利用改善了國際交通運輸狀
況。工業化帶來了對原材料需求的急劇增加，西
方國家與殖民地之間的經濟聯繫更加密切。到
1913年，有一百五十五個地區參與了國際貿易。
以致有的學者認為第一次世界大戰前的世界貿易
水準甚至超過了二十世紀九〇年代。

　　第一次世界大戰的爆發徹底打碎了以金本位
為支柱的貿易體系。隨之而來的席捲西方國家的
「大蕭條」以及第二次世界大戰，使一度聯繫密
切的世界經濟出現了停滯。許多國家重築貿易壁
壘，拋棄最惠國原則，採取歧視政策，世界貿易
大幅度下滑。

　　第一次世界大戰的爆發以大規模戰爭的形式
第一次衝擊了西方文明優越論。在戰後德國學者

奧斯瓦德‧斯賓格勒出版的《西方的沒落》不僅
以其發人警醒的書名提醒了西方人「西方中心」
論的虛幻，而且他提出的文明平行發展觀也在理
論上衝擊了「西方中心」論。[6]

　　從第一次世界大戰到第二次世界大戰短短的
不足半個世紀的時間裡，全球化進程也出現了重
大變化。這體現為：(1)美國力量的強大，正動搖
並逐漸取代著西歐在世界政治經濟格局中的領導
地位；(2)帝國主義成了世界政治經濟中值得矚目
的現象；(3)蘇聯的建立使社會主義制度從理論變
成了現實，並且成為了對抗西方主導的全球化進
程的重要力量；(4)一些前殖民、半殖民國家實現
了政治上的獨立，起碼在形式上縮小了西方的殖
民地範圍；(5)西方世界做出了建立世界性政治共
同體的初步嘗試。在美國總統威爾遜的倡導下，
建立了恢復一次大戰後世界政治秩序的國際聯
盟。可以說，兩次世界大戰中間這段時期是全球
化進程由歐洲主導向美國主導，由殖民擴張向更
深更廣層次發展的轉折期。

三、冷戰時代孕育出的相互依存

　　冷戰的開始標誌著整個世界有史以來第一次
被兩種制度分割開來。一方是以美國為中心的西
方集團，其在軍事上表現為北大西洋公約組織，
在經濟上則是經濟合作暨發展組織以及關稅總協
定。另一方是以蘇聯為中心的東方集團，其軍事
上體現為華沙公約組織，在經濟上則是經互會。
這兩大集團都力圖建立起自己的一套政治、軍事
和經濟系統，並試圖把眾多的第三世界國家吸納
到本集團中，使之接受自己的模式。

　　經濟的全球化就是在兩大集團分庭對抗的條
件下逐漸成為一股強大浪潮的。當然，在相當長
的時間裡，經濟全球化只是相對意義上的，並沒
有達到全球範圍。促成經濟全球化的形成主要有
三個因素：

(一)資本追逐高額利潤是經濟全球化的根本動力

實際上，經濟的全球化就是資本追逐利潤所產生的一系列現象的總和。這些現象既包括原料、人員和資本的跨國界流動，也包括各類統一市場的形成。早在資本主義發展早期，馬克思就提出了資本的本質和其全球流動的後果。但是，資本的自由流動總是要受各種客觀限制的。這些限制包括時間、作為政治地理界限的國界、制度的阻滯以及文化價值的抵制等。要克服這些制約因素，資本必須借助外在的力量。冷戰期間出現了推動經濟全球化的另兩個因素：

(二)資訊技術的發展

第二個因素是科學技術，尤其是以電腦技術為核心的資訊技術的發展為資本的跨國流動提供了強大的物質保障。以噴射式飛機為代表的遠端運輸工具的改進提高了有形資源的流動速度和總量，便利了國家間的實物貿易，降低了商品流通的成本。而二十世紀六〇年代興起的電腦技術對

於跨國公司來說，不僅爲其跨國經營與管理提供
了保證，而且也爲全球金融市場的形成以及各種
形式衍生金融方式的出現提供了可能。在科技發
展的支持下，資本的流動更加自由，選擇的範圍
也擴大了。正如英國《經濟學家》雜誌（1997年
10月18日）所說，技術是推動商品和貨幣流動的
首要力量，「隨著通訊和資訊成本的急劇下降，
把民族市場分離開來的自然的時空障礙也倒塌
了。倫敦與紐約之間的三分鐘電話成本從1930年
的三百美元（按1996年的美元值）降到了今天的
一美元。在過去數十年裡，電腦程式運行成本以
平均每年30％的速度下降。」

(三)政治力量的干預

第三個因素是政治力量的有目的干預。一些
全球化論者總喜歡把經濟全球化看成是市場自發
運行的結果，政治力量則是市場的干擾者和阻礙
者。顯然，這種判斷過於武斷。卡爾・波拉尼
（Karl Polanyi）透過對從工業革命到二次大戰前
的西歐政治經濟史的考察發現，政治力量是西歐
市場經濟體制建立的推動力量之一。[7] 二次大戰

結束後，國家對資本的支持更加明顯。這集中體
現在四個方面：

　　第一，冷戰體制雖然為資本流動劃定了政治
分界線，但並沒有妨礙西方集團及其關係國彼此
間的經濟交往。相反，由於共同的外部敵人的存
在，國家間經濟聯繫和團結加強了。作為西方集
團的領導者，美國在西歐實施「馬歇爾」計畫加
快了經濟的復興；在東亞資助日本、韓國、台灣
的經濟起飛，並為其提供了廣闊的市場，西歐在
五○年代的煤鐵聯盟的基礎上形成了世界上第一
個地區性經濟組織──歐共體。

　　第二，國家支持資本的海外擴張。為了擴大
自己的政治影響力和控制範圍，以美國為首的西
方發達國家，用各種手段支持本國資本的輸出。
目的國多為其前殖民地或在地緣政治具有重大意
義的地區，以至於二次大戰後相當長時期裡，一
些發展中國家的資源型產業都在外國資本的控制
之下。在國家支持資本擴張的同時，資本也在一
定情況下參與國家的政治行動，充當其在東道國
的政治代表。國家與資本的聯合是資本主義進入
國家壟斷資本主義階段的根本特徵。

　　第三，戰後福利國家制度的建立和凱因斯式
的宏觀經濟政策的普遍採用，爲資本力量壯大提
供了較好的社會基礎。福利制度安撫了國內勞
工、緩和了勞資矛盾，而宏觀經濟政策則保證了
經濟環境在一定時間內的穩定，減弱了市場波動
的風險和消極影響。

　　第四，國際力量的作用不容忽視。戰後建立
起來的關貿總協定、世界銀行和國際貨幣基金組
織被稱爲世界經濟的三大制度支柱。其最初的目
的雖然在相當程度是政治性的，但是其在推動資
本跨國流動和市場經濟的普及方面也取得相當大
的成就。它們一直都在努力使其成員國降低關
稅，加大經濟的自由化進程。尤其從七〇年代以
來，由於一些發展中國家陷入債務危機，所以必
須接受世界銀行和國際貨幣基金組織爲其提供的
結構調整、經濟自由化方案。隨著國民經濟開放
程度的提高和國家間相互依存度的增大，這些國
際組織的影響力也在不斷加大。而且對經濟全球
化的提倡和支持已經成爲其公開的主張和意識形
態，並貫穿於其各種活動和行爲之中。

　　到二十世紀八〇年代末，經濟全球化趨勢已

經相當明顯。國家間的關稅率大幅降低，貿易量
增長迅速，地區間經濟組織（歐洲、北美和亞太
地區）程度明顯提高，跨國公司成了全球經濟的
主要活動者。經濟全球化除了體現爲經濟交往和
依存度提高方面之外，還表現爲全球經濟中參與
者的能力共同提高方面。因爲經濟全球化從某種
程度上是各國共同收益的結果。

四、「地球村」中的危險

　　以航太技術、通訊技術和電腦技術進步爲代
表的技術進步爲全球化進程以及關於全球化的思
考提供了堅實的物質基礎（參見**表2-1**、**表2-**
2）。人造衛星的上天，使人類能夠從天空中俯瞰
我們生存的星球；電信技術使人類能夠跨越地理
界限實現全球性的溝通，電視的發明和進入家庭
擴大了人的認識半徑，瞭解了其他人類共同體的
生活，推動了不同人種之間的瞭解和認同；電腦
和網際網路的發展不僅大大加速了資訊的流通速
度，而且帶來了眞正意義上的「資訊爆炸」。這

表2-1　1500-1960年運輸速度的變化

1500-1840	1850-1930	1950	1960
馬車／帆船 16公里／小時	汽船和火車 56-104公里／小時	螺旋槳飛機 480-640公里／小時	噴射式飛機 800-1120公里／小時

轉引自：R. Cohen & P. Kennedy, *Global sociology* (London: Macmillan, 2000).

表2-2　運輸和通訊成本下降（1920-1990年）

以1990年美元價格為基準

年份	海運費[1]	空運費[2]	跨大西洋電話費[3]
1920	95	-	-
1930	60	0.68	244.65
1940	63	0.46	188.51
1950	34	0.30	53.20
1960	27	0.24	45.86
1970	27	0.16	31.58
1980	24	0.10	4.80
1990	29	0.11	3.32

說明：1 平均每噸進出口貨物的運費和碼頭費。
　　　2 平均每英里乘客費。
　　　3 紐約到倫敦3分鐘通話費。

轉引自：G. Hufbauer, "World economic integration: The long view," *International Economic Insights*, 1991, 2(3).

些變化使世界一體起碼在視覺中成為了現實，不僅縮短了空間距離，而且減少了時間間隔。這不僅是空間感的革命，也是世界觀的改變，在相當程度上衝擊了僵硬的意識形態隔閡，打破了主權國家設置的限制。以至於資訊理論的先驅者之一麥克魯漢歡呼「地球村」已經形成。

　　跨國公司借助技術進步和市場擴展也開始遍及全球，成為全球經濟的主角、對外直接投資增長的重要動力。從二十世紀六〇年代以來，對外直接投資的總量和流量的增長速度超過了世界收入增長速度。相當數量的跨國公司的經濟規模超過了許多中小國家。其營業額的增長超過了世界產出，其出口占世界出口的大部分，國外分支機構的銷售額超過了全球總出口額。跨國公司實力的增強不僅使其成為制約民族國家主權的重要力量，也把一些與市場有關的價值理念和文化形式傳播到更廣的地區。

　　國際組織的發展也在加速。一方面，由於國家數量的增加，聯合國以及其他與聯合國有關的單一職能的國際組織的規模在擴大，國家之間的區域性組織在不斷建立，另一方面，各種非政府

組織，尤其是關注生態問題、基本人權等問題的
非政府組織在1968年西方學生運動之後出現了迅
猛發展。它們的出現被認爲是全球公民社會來臨
的先兆。而事實證明，由於它們的直接推動使許
多全球性問題得到了全球範圍的關注，並且它們
以自己的活動爲人們提供了新的認同對象和活動
方式。

　　　工業化的發展在爲經濟全球化提供物質基礎
的同時，也從消極的方面使人們認識到地球是一
個整體，人類共同生存。各種形式污染的出現、
環境的破壞已經超過了國家的邊界，成爲地區
性，甚至全球性危害。1972年，羅馬俱樂部發表
了其研究報告《增長的極限》，不僅標誌著全球
問題研究的開始，而且使全球問題獲得了世界性
的關注。在隨後的時間裡，隨著研究者和關心者
的增多，全球問題的種類也從科技文明的負面影
響擴展到現代文明的消極後果方面，包括了失
業、難民、人口、糧食、能源、環境、債務、毒
品、愛滋病、核子擴散、恐怖主義、南北關係、
國際人權等諸多問題。顯然，這些問題沒有一個
可以僅僅歸結爲局部的、民族國家的、特殊制度

和意識形態下產生的問題，它們帶有普遍性和一般性。對全球問題的研究與關注衝擊和動搖了傳統的以國家為中心、以個人為中心、把人與自然對立起來的思維方式和價值理念，使人們認識到人類共同生活的地球村中，彼此是鄰居而不是對手，地球上發生的許多問題不再是某個國家的問題，而是關係到人類共同命運的問題。

　　二十世紀八○年代末，一直堅持計畫經濟的蘇聯東德集團解體了，世界進入了後冷戰時期。前社會主義國家對市場經濟的接受和相應制度的建立，賦予了市場的全球合法性，並為經濟全球化提供了全球範圍的制度支持。雖然對於經濟全球化的程度和影響的看法多樣，但有一個事實必須肯定：經濟全球化不僅體現為商品、資本、人員等物質內容的全球流動，而且表現為市場經濟制度的共通之處，甚至相關的精神領域的交流與共識。

　　與此同時，冷戰體制的瓦解使得整個世界也具有了某些後現代特徵。蘇聯的解體和美國霸權地位的下降帶來了世界的多極化、甚至混亂的局面。作為冷戰時期兩大集團的中心，蘇聯和美國

在政治、經濟、軍事以及意識形態上的優勢使其
能夠把其他國家納入自己設計的軌道，因此，冷
戰時期世界是一種有序化的世界，儘管這種有序
是武力威攝和意識形態對抗下的扭曲。冷戰體制
的瓦解撤除了維持這種有序的國際機制，造成的
後果是各個國家、各個民族以及眾多團體利益的
凸顯，以及替代意識形態的各種解釋框架的激
增。這些後果在當代發達的傳媒工具和不斷擴大
的經濟全球化的推動下愈發突出。我們眼前的冷
戰後的世界中多種主義並存；民族國家的地位岌
岌可危；基本教義主義、極端民族主義到處挑起
事端；個人的身分模糊混亂；非西方文明的力量
不斷擴大；凡此種種，使得當代世界在相互聯繫
日益密切的同時，也顯得混亂不堪、瞬息萬變，
甚至衝突不斷。

五、未來的全球化

　　一九九〇年代是眞正意義上的全球化時代。
之所以這樣講，主要有三個原因：一是全球化進

程在九〇年代取得了質的變化。這種質的變化不
僅體現在資訊技術變革推動的經濟活動領域、活
動主體快速增長的全球社會領域，以及資訊快速
傳播、文化相互交織的文化領域中，更體現在全
球制度化建設上。冷戰結束後，市場在全球取得
合法性，爲資本的全球擴張提供了制度基礎，而
世界貿易組織、國際貨幣基金組織、世界銀行、
聯合國等機構的改革和調整，使全球規則的形成
獲得了更強大的制度支持和體現。二是在觀念領
域中，全球化已經深入人心，成爲人們描述和認
識當代世界變遷的重要概念和切入點。這尤其體
現爲全球化成了各個學科認識和分析當代問題的
重要座標；三是墨西哥危機，尤其是1997年亞洲
危機的爆發全面暴露了全球化本身的弱點以及潛
在破壞力，使人們更全面地認識到全球化的兩面
性，以及各種社會制度相互協調行動、相互支持
在解決全球化全球性災難的必要性和迫切性。

　　對於全球化未來的判斷有三種主要觀點：誇
大論、過程論以及懷疑論。

(一)誇大論

　　所謂的誇大論，指的是那些認爲經濟全球化
已經帶來了新的歷史時期，包括民族國家在內的
各種舊制度在經濟全球化面前或者完全過時或者
正在失去存在的基礎，市場成爲決定和解決所有
問題的唯一力量。通常，這類觀點被統稱爲全球
主義。但實際上，可以分爲兩大類：一類是在西
方社會居主導地位的新自由主義；[8]另一類是某
些西方馬克思主義者的觀點。全球主義有兩個基
本特徵：(1)用單向度的觀點看待全球化，全球化
是由單一因素決定的，體現爲單向度的過程。在
全球主義者眼中似乎只有經濟全球化，其他層面
的全球化或者被有意忽視或者被納入經濟全球化
的從屬；(2)潛在的市場決定論和經濟主義。全球
主義者相信，市場的擴展推動了全球化的出現和
發展，而全球化體現了市場的至上地位以及民族
國家的消亡。

　　誇大論對問題對象的簡單化很容易獲得現象
學上的證明，並且成爲普通認知的標準，因此有
不斷蔓延、趨於壟斷的危險傾向。簡要地說，這

種壟斷的危險體現在三個方面：(1)不利於對全球
化的多元化討論，容易淪爲某些利益集團的意識
形態工具，鞏固它們的話語霸權優勢；(2)容易忽
視對全球化其他層面的分析，片面地認知全球
化，用效率來代替對其他社會價值的維護和追
求，導致行爲上的經濟化和短期化。1999年11
月，西雅圖會議引發的大規模抗議不過是對這種
經濟主義的集中對抗；(3)由於全球主義實際上是
以西方經驗爲基礎的，所以如果把其得出的一些
結論無條件地推廣使用，容易誤導非西方社會的
認識和實踐。在這方面，最突出的就是對民族國
家與全球化關係的判斷。全球主義誇大了國家在
全球化中的失效，從而使一些發展中社會只強調
解除管制，忽視了國家的必要調節，從而導致了
在市場失效的同時，政府的失效，使整個社會失
去了必要的保護機制。

(二)過程論

　　過程論的許多提倡者來自社會學領域，例如
英國的紀登士、德國的貝克（U. Beck）、英國的
羅伯遜等人。[9]這些人把全球化看作一個社會變

革過程，因此強調多向度的全球化和全球化的多
動因。這種多元的視角直接導致了過程論內部的
多樣化。有人把全球化看作是現代性向全球擴展
的過程（紀登士、貝克），有人認爲全球化先於
現代性，直接推動了現代性的擴展（羅伯遜），
有人把全球化看作是交往過程的擴展和深化。過
程論者肯定了全球化作爲現象的存在，同時強調
了全球化的動態性和漸進性。

　　儘管過程論者力圖擺脫西方中心論的束縛，
把非西方社會的地位和作用納入研究的視野，但
是無法走出自己製造的困境。因爲過程論者的基
本理論假設有兩個：(1)全球化是一個緣起於西方
的現象，非西方社會外在於這個過程，處於被動
地被吸納地位；(2)全球化是一個自然的過程，不
可抗拒。這兩個假設很容易把過程論引入全球主
義的圈中。在某種程度上，成爲全球主義更合理
的表述。

　　過程論的主要代表紀登士1999年在英國BBC
廣播電台的Reith Lecture上就全球化作了五講。
他把對全球化的判斷分爲兩種：徹底變革（radi-
cal）和懷疑論。他本人屬於前者。這種分類顯然

把誇大論和過程論放到了一個陣營中，而且過程
論似乎已經上升到發達國家的官方觀點，以回避
或者減弱新自由主義遇到的強烈批評，同時掩蓋
自己的既有特權和對現有地位維護的想法。毫無
疑問，全球化是一個過程，但是問題是究竟是一
個參與的過程，還是壟斷的過程？是一個被動地
接受過程，還是一個積極地應對的過程？是一個
中心化下的多樣化過程，還是一個多樣化共存的
過程？這些矛盾才是全球變革的核心。對於發展
中國家和社會來說，這個過程肯定帶有更多的風
險。

(三)懷疑論

　　在一片全球化讚美聲中，懷疑論者的聲音似
乎越來越弱，但是這並沒有減弱其觀點的應有價
值。懷疑論者的主要代表有湯普森（G.
Thompson）、赫斯特（P. Hirst）以及韋斯（L.
Weiss）等人，他們力圖透過歷史比較的方法來
證明全球主義在對全球化判斷上犯了誇大事實和
有意誤導公眾的錯誤。[10]他們的基本觀點有兩
個：

　　第一，現在的所謂全球化實際上只是國際
化，國家依然是經濟的主要範圍和管理者。湯普
森和赫斯特提出要把全球化和國際化區分開來。
經濟國際化的根本特點依然是交換是在不同的國
家經濟體之間進行的，公司和部分的競爭過程在
實質上是由國家層次上發生的過程決定的。而全
球化意味著出現了新的經濟結構，而不僅僅是在
既有的經濟關係中更大的貿易量以及投資這樣的
重大變化。[11]而且國際經濟和全球化經濟之間並
不是相互排斥的，全球化經濟在一定條件包括國
際經濟。他們透過對世界金融市場的特點、世界
貿易和對外直接投資的模式、多國公司的數量與
作用以及發展中世界的經濟增長前景等因素的分
析指出，所有這些事實表明，沒有出現向全球化
經濟發展的強大趨勢，現在的世界經濟依然由主
要的發達國家主導著。

　　第二，全球主義宣揚的國家終結的觀點不但
誇大了事實，而且帶有強烈的意識形態偏見。韋
斯認為，信奉新自由主義經濟哲學的英語國家的
政治領導人在誇大全球化影響、強調民族國家失
效中起到了重要作用。為了贏得選民的支持，他

們把自己採取的緊縮政策說成是「全球經濟趨勢」
下的必然。[12]韋斯認為，全球主義者不僅誇大了
國家的能力缺乏，而且過於簡單化，對各個國家
的情況不加區別。懷疑論者雖然指出了全球化的
現有局限性，但是並沒有否認國際化、跨國化這
些經濟發展趨勢的存在，而且更重要的是，他們
對現實更加低調的認識以及對現有制度的肯定，
一定程度上有利於發展中國家認識目前的現實。

註釋

[1] Stephan Mennell, "The globalization of human society as a very long-term social process: Elias's theory," in *Global culture,* ed. by M. Featherstone (London: Sage, 1990).

[2] （英）湯因比，《文明經受著考驗》，沈輝等譯，浙江人民出版社，1988，頁60。

[3] （美）斯塔夫里亞諾斯，《全球分裂：第三世界的歷史進程（上）》，遲越等譯，商務印書館，1993，頁166。

[4] Roland Robertson, *Globalization: Social theory and global culture* (London: Sage, 1992), p.16。

[5] （美）斯塔夫里亞諾斯，《全球分裂：第三世界的歷史進程（上）》，遲越等譯，商務印書館，1993，頁170。

[6] （德）奧斯瓦德·斯賓格勒，《西方的沒落（上、下）》，齊士榮等譯，商務印書館，1993。

[7] Karl Polanyi, *The great transformation* (Boston: Beacon Press, 1944).

[8] 這方面最突出的代表有福山。他的《歷史的終結和最後的人》一書所宣揚的就是自由民主主義統一全球。在全球化問題上。他認為全球化這股力量正在使國際關係發生著革命，並且為更和平、更繁榮的世界的出現奠定著基礎。全球化透過三種方式來終結傳統衝突：(1)消費文化的全球擴散，縮小了文化之間的價值差距；(2)民主的全球擴展使政府更不會發動戰爭；(3)世界統一為一個單一的全球市場使國家更加相互依賴，而生活水準的提高

使它們更少攻擊性。另一個代表是大前研一（Kenichi Ohmae）。他在1995出版的《民族國家的終結》（*The end of nation state: The rise of regional economies.* New York: The Free Press）天真地宣布了民族國家的終結。他認為從四個「Π」（投資、工業、資訊技術以及消費者個人）四個方面可以看出國界的作用正在消失，民族國家正在終結。「簡單地說，從經濟活動的真實流動角度講，民族國家已經失去了它們作為今天無國界的全球經濟中的有意義的參與單位的作用。」（p.11）

[9] Anthony Giddens, *The consequences of modernity* (London: Polity Press, 1990); Ulirich Beck, *What is globalization?* (London: Polity Press, 2000); Roland Robertson, *Globalization: Social theory and global culture* (London: Sage, 1992).

[10] Paul Hirst & Grahame Thompson, *Globalization in question: The international economy and the possibilities of governance* (London: Polity Press, 1996); Linda Weiss, *The myth of the powerless state* (Ithaca, NY: Cornell University Press, 1998).

[11] Paul Hirst & Grahame Thompson, 1996, p.7.

[12] Linda Weiss, 1998, p.193.

第三章
強國家、弱國家

　　民族國家是現代社會的主要制度，其產生在一定程度上標誌著全球化進程的開始。而且在全球化進程中它大部分時間扮演著積極的推動者的角色，至少在一九六〇年代之前，民族國家一直是全球化進程的受益者和最主要的推動者。但是，全球化進程在六〇年代以後的新變化挑戰了國家原有的穩固地位。這種新變化主要體現爲跨國活動和跨國主體的急劇增加，以及個人和國內團體力量的增強。前者超越國家傳統意義上的主權和邊界；後者削弱了對國家的依賴和信任。因此，如麥克格里所說，全球化經常與「地域性民族國家的（意義）危機」密切相關。[1]

　　儘管從總體上說，民族國家遇到了嚴重挑

戰，但是不同國家在全球化進程中處於不同地
位，因此在應對方法、受衝擊程度以及獲益程度
上各有不同，表現出強弱差別。

一、美國：霸權支持下的新經濟

　　美國經濟在一九九〇年代中期後進入了所謂
的「新經濟」時期：高經濟增長率、低通貨膨脹
和失業率。更重要的是，以電腦技術和網路技術
爲代表的高科技產業發展迅速，鞏固了美國在技
術上的優勢。毫無疑問，美國是全球化進程中最
大的贏家。

　　美國在九〇年代後期經濟上的成功是多種因
素促成的，這些因素包括：

(一)其霸權地位使其更可能規避全球化的風
　　險和破壞力

　　美國的霸權地位使其不僅是全球化進程的主
要推動者，而且使其更有可能規避全球化的風險
和破壞力。霸權的衰落是相對意義上的，實際上

在某種程度上，由於冷戰的失敗，美國的實力反
而加強了。首先，美國是包括國際貨幣基金組
織、世界銀行、世界貿易組織等在內的主要國際
組織的創立者，並主導著這些組織。不僅利用它
們來推廣自己的觀念和意志，而且優先保護美國
的利益。[2]這是美國霸權重要的國際制度優勢。
第二，美元霸權。許多國家把自己的盈餘資金用
來購買美國國債，把自己的貨幣釘牢美元，這使
美元實際上成了各國貨幣的最後擔保和財產保值
的體現。在金融活動日益重要的全球化時代，貨
幣優勢確保了美國避開國際投機資本的衝擊，並
且為美國吸引了大量流入的資金。第三，美國的
文化優勢借助發達的媒體和強大的經濟後盾進一
步擴大，鞏固了美國產品的競爭優勢。[3]最後，
至少軍備競賽的結束給它帶來了和平的紅利，這
對於緩解美國的財政赤字問題非常重要。

(二)九〇年代有利的國際環境

　　人們常常由於過於關注九〇年代的金融危
機，而把國際環境對各國的影響簡單化。實際
上，美國是九〇年代國際經濟環境的最大獲益

者。羅伯特·吉爾平（Robert Gilpin）在其新著中特別指出，雖然在九○年代的大部分時間中，世界其他地區的經濟經歷著緩慢增長或者衰退，但是這導致了美國進口產品，尤其是石油、其他原材料以及消費品價格的低廉，避免了通貨膨脹的出現。此外，美國也吸引了大量的資本流入。[4]

(三)政府扮演的積極作用

在新自由主義氾濫的今天，這是最容易被忽視的因素。固然美國是自由市場經濟的典型，但不等於說美國政府是完全消極的。實際上，從八○年代開始，面對日本的挑戰，就有許多美國人主張發揮政府的有效作用。事實也證明，在九○年代經濟增長中，美國政府的角色不僅是積極的，而且經常是合理的。

(四)移民的大量進入為美國經濟注入了活力

在這些移民中，不僅有來自世界各國的科技人員，還有大量的非法移民。在全球化的今天，表面上看這些沒有技術的非法勞工與美國以高科

技為特徵的新經濟沒有多大的聯繫，但是正是他
們的存在確保了美國保持低通貨膨脹率。據卡托
研究所估計，如果美國沒有非法工人，其食品和
蔬菜的成本將增加6％。更為重要的是，近幾年
美國經濟增長迅速的西部和南部各州從非法工人
身上獲益甚多。例如，在洛杉磯地區，墨西哥人
在整個勞動力隊伍中的比例達到了10％，貢獻了
30％的加州的產值。葛林斯班最近也承認，如果
美國經濟增長要維持現在的速度，移民政策必須
放寬。[5]

　　總的來說，美國的霸權地位確保了美國扮演
了全球化進程中利益漏斗的角色。但是利益的獲
得不是自由貿易者宣稱的那樣是自然而然的，而
是依靠美國本身的制度調整能力和積極進取的精
神。成熟的制度以及政府在關鍵領域發揮的作用
有效地把這些潛在的利益轉化為現實的利益。這
是問題的關鍵。如果只是簡單地相信某些全球主
義者的觀點，只強調市場的力量，必然會走入認
識的「誤區」和行動的陷阱。

二、歐洲：福利國家的代價

　　這裡所說的歐洲指的是西歐和北歐國家。對於西北歐各國來說，一九九〇年代是痛苦的。因為它們引以為傲的福利制度出現了危機，難以支撐各國經濟的發展，並且似乎成為了與美國競爭的包袱。實際上，福利國家的危機從八〇年代就開始了。以瑞典為代表的所謂斯堪地那維亞模式就出現了問題：本國資本外逃、勞動生產率下降、失業率（很大程度上是自願的）上升。這直接導致了長期執政的社會民主黨的下台。進入九〇年代後，面對全球化的挑戰，各國的福利制度表現出全面的不適應：低經濟增長率與高通貨膨脹率和高失業率共存。因此，相對美國，歐洲各國對於全球化的反應似乎更為強烈、全面。[6]

　　歐洲面臨的問題如果完全歸結為福利制度，顯然過於片面。因為即便是從八〇年代就開始實行新自由主義改革的英國，也難以逃脫經濟衰退的困擾。但是必須承認，福利國家的危機在很大

程度上是由於福利制度與全球化不契合而造成的。可以被理解爲一種整體結構的危機。[7]這主要體現爲：

(一)制度本身的僵化

　　任何一個長期存在的制度都不能避免僵化。而對於福利制度這個複合型制度來說，更是如此。由於其重點在於分配，所以很容易培養出制度依賴團體，形成一種依賴文化。一旦制度本身的激勵機制因爲其他因素削弱，這種依賴性就會擴大並且對整個制度的效率產生阻礙。歐洲失業率的上升，在一定程度上可以歸結爲自願失業。

(二)國家分配職能過大

　　爲了保證社會關係平衡性的長期維持，國家就要擴大公共開支，加強管制，來調整利益分配。這樣的直接結果是國家規模的擴張、生產性支出的相對減少，以及效率的被削弱。[8]

(三)資本活動範圍與國家管理範圍的逐漸不
　　　對稱

　　福利制度的維持依賴「福特主義」的生產方式。在主要爲國內大衆消費而進行的大規模生產中，資本需要大量、穩定而且具有購買力的勞工。而國家對分配的控制，不僅緩和了勞資矛盾，確保了勞工隊伍穩定，而且培養了消費者。這樣，國家－資本－勞工之間的關係得到了穩定。這種穩定說明了國家管理的邊界與市場邊界也在很大程度實現了契合，從而保證了國家－市場關係的穩定。但是，一旦資本的流動性增強，這種契合就要被打破。因爲國家和勞工是靜態的，國家的管理是有邊界限制的。這種變化的直接後果是國家在「福特主義」的生產方式中保持的「中間人」地位被動搖了。[9]

(四)國家確立的經濟管理目標失去了現實的
　　　支持

　　福利國家把控制通貨膨脹和實現充分就業作爲主要任務。在相對封閉和靜態的經濟中，透過

擴大需求，基本可以同步實現這兩個目標。但是
經濟全球化破壞了這種可能，因為國家財政政策
的調節效力受到了限制。[10]改變國家，特別是社
會對就業的認識變得非常重要，這直接涉及到勞
動力市場能否形成足夠的靈活性來適應資本的流
動性。

　　制度的僵化使歐洲面對全球化的衝擊，行動
相對美國遲緩，這尤其體現在電腦技術和網際網
路發展以及公司治理結構變革上。但是歐洲各國
也在積極尋求對策。在這些對策中，最突出的有
兩個：一是提出所謂的「第三條道路」，力圖為
新的行動建立新的理論基礎，並藉此吸引更多的
選民。從「第三條道路」的理論表述上看，它力
圖保持左翼的傳統價值，同時把右派的一些價值
中性化，以創造一種更具有包容性的理論；從操
作層面上看，它採取的更多的是傾向於新自由主
義的政策。其實，這是非常合理的，因為福利國
家無法解決現有問題，只能借助相反的措施。
「第三條道路」不能被簡單地批評為政黨吸引選
民的花言巧語，它在很大程度上反映了當代西歐
社會的變化。二是深化歐盟內部的一體化，透過

協調行動，充分利用彼此的優勢來解決共同的問題。經濟、金融方面的一體化為各國提供了防避風險的良好機制。最近，為了防止在「知識經濟」中落後，歐盟又通過了新的決定：創建「歐洲研究區」；建立單一的歐洲專利制度；積極普及網際網路等。[11]作為歷史最長、制度最完善的經濟區，歐洲所具有的規模優勢以及制度優勢會更明顯地體現出來。

三、發展型國家：終結還是再生？

　　九〇年代以來，日本經濟一直處於低迷狀態，直接導致了戰後形成的自民黨長期執政的「五五」體制的完結。儘管歷屆政府都試圖復興經濟，但是各種措施都無法達到理想的效果。1997年夏天開始的金融危機給韓國、台灣、香港等「小龍」和東南亞的「小虎」不同程度的衝擊。持續了三十多年的亞洲「經濟奇蹟」幾乎是在一夜之間陷入了谷底，發展型國家模式似乎也走到了盡頭。

　　發展型國家是對東亞經濟發展模式的概括，
它強調政府（國家）在經濟發展中發揮了積極的
核心作用，因爲經濟發展被當作這些國家合法性
的基礎和來源，[12]所以國家不遺餘力地採取各項
政策措施，建立制度環境來支持經濟發展，特別
是出口型企業的發展。而社會對國家的這個基本
目標也是基本認同和支持的。發展型國家的成功
被許多人視爲發展中國家實現經濟增長的典範，
受到了各方面的高度評價。[13]

　　從九〇年代中期開始，以克魯格曼爲代表的
一些學者開始對亞洲經濟發展模式的可持續性提
出了質疑。他們把東亞國家的發展類同於蘇聯模
式，認爲其高速增長來源於資源的高投入，而不
是生產力的提高。毫無疑問，這種看法在一個側
面揭示了東亞經濟發展所存在的弱點，但是忽視
了東亞經濟增長的社會政治原因。金融危機爆發
後，對亞洲模式的全盤否定聲音更加響亮，亞洲
模式被簡單地稱爲「裙帶資本主義」模式，一度
被認爲是經濟增長推動力的國家以及國家和企業
之間的密切關係一夜間成了危機的罪魁禍首，過
去十幾年出現的汗牛充棟的討論東亞奇蹟的文獻

在危機中似乎成了滿紙荒唐言。

東亞經濟所代表的發展型國家所取得的巨大成功是無可辯駁的事實,這是我們反思和評價發展型國家的基本前提。毫無疑問,東亞經濟的發展有非常明顯的獨特性,這在很大程度上決定了這種模式的不可複製性。但這不意味著從該模式所導引出的一些基本原則性經驗不具有啟發性和借鑑意義。實際上,東亞經濟的發展在一定程度上為我們提供了在一個開放經濟環境下,如何協調好市場與國家這兩大基本制度、取得出色的制度績效的範例。因此,從全球化角度來看,發展型國家的基本經驗包括以下幾個:

第一,對世界市場的積極參與和有效利用。雖然美國市場對東亞各經濟體的優惠具有個別性和冷戰特徵,但是不能否認出口導向策略所帶來的重要意義。由於對世界市場的積極參與,才能瞭解市場的需求,並有效地利用自己的比較優勢,實現資源的合理配置,獲得本國無法在短期積累的資金、技術和管理經驗。實際上,支持出口策略成功的一個基本精神是主動的學習和調整。這是許多發展中國家所缺乏的。

　　第二，國家／政府在確保社會政治秩序穩定的同時，不同程度地參與經濟，尤其是維持社會的基本公平在很大程度上彌補了當時市場的缺陷。政治秩序的維持是市場有效運行和整個社會穩定的基本保障。但是秩序的獲得不是簡單地透過政治壓力完成的，國家／政府還對社會收入的平衡進行了有效干預，防止了兩極分化的明顯化，減弱了社會內部的矛盾和衝突。在這個方面上，東亞的「威權主義」政體具有積極意義。但是在這個問題上不能過於簡單化，認爲「威權主義」必然有利於經濟的發展，因此人爲地建立「威權主義」政體，用政治高壓來支持經濟發展。東亞的「威權主義」是特定歷史階段的產物，其對秩序的維持不僅是政治意義上的，而且是社會意義上的：在保證政權穩定的同時，確保了社會衝突的相對弱化。同時另一個不容忽視的事實是，東亞經濟體中較爲完善的市場機制的存在，與政治體構成了有效的互動關係，從而爲經濟增長提供了更全面的激勵因素，在一定程度上制衡了政治體的過度干預。

　　第三，東亞和東南亞在1997年遭受的金融危

機暴露出的問題是多方面的，原因也是多樣的。
對於內部原因，討論的已經足夠全面。但是這裡
有一個問題需要特別注意，即不能把市場的普遍
原則與市場經濟這個具體制度混淆在一起。如果
說市場是一種普遍意義的制度，那麼市場經濟必
然帶有獨特性，因為它總是與一定的社會文化歷
史緊密聯繫在一起的。因此，東亞經濟體的一些
制度優勢並沒有過時，而是值得保存的。從全球
化的角度來看，東亞危機所暴露的問題中有兩個
特別突出：一是東亞和東南亞各經濟體雖然都大
力鼓勵出口，但是產品較為單一，相互之間在產
品結構上互補性較弱，帶有明顯的「依附性發展」
的內在缺陷，因此不僅在個體上，而且在集體上
容易受到世界市場變動的衝擊。二是該地區的區
域化進程由於受到各種因素的限制，進展較緩
慢，因此利用集體方法規避全球化衝擊的能力較
弱。對於東亞和東南亞各國來說，金融危機後的
任務不僅是在保存傳統制度優勢的基礎上進一步
改革和健全國內的體制，還要在區域化建設上密
切合作，實現全面的制度化。[14]

四、發展中國家：全球化的邊緣和弱者

　　對於大部分發展中國家來說，全球化帶來的衝擊多於機會，因此如何確保自己不被全球化進程拋棄或者邊緣化成了至關重要的問題。作爲一個概念，發展中國家最初主要是從經濟意義上的，更確切地說是參照發達國家所展現的工業化程度而歸納的。然而，現在這個概念所包含的內容已經擴大到政治、社會、文化等多個方面，實際上成了表明一個社會或國家全面發展程度的概念。雖然發展中國家之間存在著多樣的差異，但是作爲一個整體，依然有許多共性。從全球化角度來看，下面一些共性問題直接影響著這些國家或社會在全球化進程中的地位。

(一)被動地進入全球化進程

　　這些國家或社會進入全球化進程是被動的，基本上是作爲西方國家的殖民地被捲入西方主導的全球化進程來的。這從一開始就決定了它們在

全球化進程中的附屬或者邊緣地位以及內部的缺陷。這一點是我們認識發展中國家在全球化進程中的位置的基本前提。

(二)單一的經濟結構

這種單一性不僅是產品意義上的，還是對外經濟聯繫意義上的。長期的殖民地歷史造成了這些國家或社會的經濟主要依靠為西方國家提供特定的農產品或者原材料，直接受到了相應國家市場需求的控制。一旦這些國家的市場出現萎縮，就會引發發展中國家的經濟乃至社會政治問題。經濟全球化的深入使發展中國家的這種敏感度和脆弱性在某種程度上加強了。全球市場上的一些細微變動可以引發這些國家國內多種問題的併發。在這些變動中，金融貨幣市場的變動尤其值得特別注意。

(三)國家建設和民族建設問題

對於絕大多數發展中社會來說，國家建設（state-building）和民族建設（nation-building）都並不充分。在國家建設方面，一方面這些社會缺

乏長期的國家管理社會經濟的傳統（像東亞國家
那樣），另一方面，殖民時代留下的政治機器本
身無法與社會取得有效的和相互增強的合作機
制，難以實現社會動員和社會經濟管理。而在國
家的暴力壟斷地位不穩定的情況下，多民族的關
係很難找到一個中間調節主體或者控制主體，因
此民族之間的矛盾很容易激化，走向極端。這是
這些社會政權頻繁變動，國家權力癱瘓，無法有
效地動員社會經濟資源，維持社會經濟發展秩
序；民族之間矛盾惡化，並且經常發生暴力衝突
的根本原因。雖然發展中社會從實現獨立以來，
一直致力於國家建設和民族建設，但是由於受全
球政治意識形態背景的影響，曾經有兩種認識上
的謬誤，一種是五〇年代模仿蘇聯模式，強調國
家對社會經濟的全面控制，與世界體系脫離。這
方面的實踐雖然在確立國家控制能力方面發揮了
作用，但是削弱了社會的活力；另一種是從七〇
年代受新自由主義誤導，不強調國家的作用，只
追求歸權於市場，不強調國家和社會的內部完
善，只推崇盡快地開放。這直接導致了國家地位
的弱化，國內秩序的失控。八〇年代中期以來，

新自由主義造成的危害似乎更嚴重。這種傾向引
起了以世界銀行爲代表的有關國際機構的重視，
它們開始倡導「治理」（governance）改革。這種
改革的核心就是糾正新自由主義的偏頗，加強國
家建設，充分發揮國家管理社會經濟的能力。對
於發展中國家來說，如何維持國內政治秩序，並
且更加熟練地處理與全球化有關的問題，尤其是
全球化引發的國內問題，顯得至關重要。正如馬
恩（M. Mann）所說，衆多發展中國家面臨的是
現代性危機，而非後現代性危機。面對這種危
機，它們採取的不同對策不會重演西歐、北美以
及日本的歷史，但是與這些歷史相似的是，它們
行動的核心是爲創造公民社會和民族國家而鬥
爭。[15]

(四)區域間的一體化進程

　　許多發展中國家，尤其是南美洲的國家，從
六〇年代以來一直積極尋求地區經濟合作，並且
爲此作出了重大努力。最突出的就是「南錐體共
同市場」。這些區域性經濟組織建立的初衷是透
過相互之間的經濟協作，建立本國工業體系，減

少進口，從而擺脫對發達國家市場的依賴。由於
這些國家經濟發展水準較低，所以經濟一體化進
程的發展非常有限。七〇年代後，各國開始把發
展策略從進口替代轉向出口導向，並且在美國和
國際貨幣基金組織、世界銀行的壓力下採取全面
的自由化政策。毫無疑問，這種轉變具有積極的
一面，但是至少在短期內把這些國家置於一種合
作－競爭的困境之中。由於這些國家在資源稟
賦、產品結構等諸多方面基本上呈水平而非垂直
分布，彼此之間缺乏互補性和相互替代性，因此
為了爭取國外資本、技術以及市場，必須不斷向
發達國家讓步並相互競低條件。發展中國家之間
的惡性競爭，實際上阻礙了地區經濟一體化的深
入。除了經濟原因以外，歷史文化、政治制度等
諸多方面的差別依然存在，這大大限制了區域化
的發展步伐。

　　對於發展中國家來說，加入全球化進程，無
論是主動的還是被動的，是必然趨勢。傳統意義
上封閉的獨立自主不僅危害極大，而且無法維
持。而在進入全球化的過程，保證經濟繁榮和行
動的相對主動自主的首要前提，是確保國家的有

效存在。如果說沒有市場，社會無法實現有效率的發展，那麼沒有國家，則無法保證社會的實際存在。而且特別重要的是，必須對發展中國家進行明確的定位。發展中國家並不是「過於強大的國家」（over-powerful state），即有太多管制和控制的國家，而是「過大的國家」（over-large state），即僱傭了太多人員，汲取了過多的收入，干預了許多並不屬於自己領域的國家。因此，它們在全球化進程中非常地脆弱，而且有的處於衰敗之中，不能簡單地套用西方國家的改革模式。[16]

五、轉型國家：經濟整合和政治秩序

　　轉型國家的兩個特徵值得特別注意，因為它們直接界定了此類國家在全球化中的位置。一是所謂的轉型不僅是經濟意義上，還是社會政治乃至文化意義上的。在經濟上，從集中的計畫經濟轉向市場經濟，在政治上一黨制被競爭的多黨制替代，在社會方面，出現了新的分化和新的階

層，而文化領域中由於沒有了主導性意識形態，
呈現出公開的多元狀態。這是一場全面的轉型，
而且是沒有歷史先例可循的轉型。二是作爲一次
轉型，並不是從低層次向高層次的緩慢有序演
進，而是從一種規模龐大的體制向另一種規模龐
大的體制的突然性轉化。規模的龐大決定了變革
的複雜和艱難，時間的有限和短暫決定了行動的
倉促和不系統，因此轉型的代價高昂，遺留下許
多潛在的問題。

　　轉型國家的經驗爲我們認識全球化進程中國
家的地位和作用提供了非常獨特的視角。

　　第一，顯然，外在的力量和幫助無法解決短
期的問題。而且西方在對轉型國家的援助上出於
自己的策略考慮，帶有強烈的傾向性，以致拖延
了某些重要問題的解決。[17]

　　第二，經濟轉型不單純是經濟意義上，也不
單單爲了提高效率，必須重視社會公正的實現。
對於有著強調社會平等的歷史文化和體制傳統的
國家來說，在轉型中忽視社會基本公正的建設會
導致經濟政治的扭曲。「要使轉軌取得長期成
功，至關重要的是形成社會共識——跨國分析表

明，在收入和財產方面極不平等的社會，其政治
和社會的穩定性都較差，從而導致投資率和增長
率都較低。」[18]

　　第三，民主制度雖然對於轉型國家的政治改
革是重要的，但是與整個國家的生存和前途相
比，似乎並不能帶來直接的效果，尤其是經濟增
長的結果。[19]正如布熱津斯基所說，實際上，俄
國的民主試驗表明，一味強調選舉民主實行頗有
誤導性，結果結果是否定性的，相反，逐步地推
行法治，輔以有效的市場經濟，才可以為真正的
民主化創造出堅實的基礎。

　　第四，國家在轉型中的地位不僅關鍵而且微
妙。因為對於轉型國家來說，「一方面，需要一
個強有力的政府來貫徹法律、強化秩序；而另一
方面，又需要限制政府的權力以照顧到私有
權。」[20]

　　第五，在加入全球經濟的過程中，如何實現
從經濟控制到經濟規制的轉變是一個艱鉅的任
務。在轉型的過程中，一方面要歸權於市場，另
一方面要開放國內市場，與國際市場接軌。但是
市場經濟無法自己有效地調節自己，也需要管

理，因此必須建立起完善有效的規制體制。對於轉型國家來說，規制體制的建立遇到了兩個困境：一是自由化與規制化的矛盾；二是貿易規制建設與經濟一體化之間的矛盾。如果不能有效地在短時間內走出這兩個困境，就無法從全球經濟中獲得應有的益處，並可能導致國內市場的畸形發展。國際組織和西方國家在幫助轉型國家實現自由化的過程中提供了包括資金、技術等方面的援助，但是有意無意忽視了建立有效規制體制上的幫助，並且向這些國家灌輸了市場基本教義主義。因此，如葛林斯班所說，在一種專制、集權和僵化的國家制度崩潰之後，接踵而來的是一種野蠻和荒謬的自由放任主義，破壞了社會、政治與經濟之間應有的平衡關係。不僅削弱了國家，而且為少數人控制經濟提供了條件。

六、國家強弱的辯證法

全球化與國家這對關係是當代全球化進程以及全球化爭論的核心。民族國家如何調整自己直

接決定了全球化進程的穩定順利與否。畢竟，我們現在一方面無法找到一個能夠替代民族國家，可以把空間規模和管理能力有機結合在一起的制度；另一方面與全球化並行的本土化加強了人們對地域、文化的認同，這爲民族國家的存續提供了新的基礎。但是我們這樣講，並不是無視民族國家面臨的挑戰。雖然民族國家沒有終結，但是必須調整自己，來適應新的環境，執行新的職能。

各國對全球化的不同應對和導致的結果之所以不同，根本原因取決於國內。施密特在一項研究中歸納了七個因素，它們是：國家規模（大或者小）；文化、歷史；政府結構（聯邦制或集中制）；政府改革能力；勞工歷史傳統（衝突的或共識的）；組織特性（融合的或分裂的）；商業規模、組織以及傾向。當然，在考慮這些因素的時候，還要考慮各國的發展水準、與全球經濟的聯繫度、在全球化進程中的位置等因素。而且，隨著全球化的深入，國內因素與國際因素聯繫的緊密性也不斷提高，如何有效地利用國際環境和因素成爲各國提高反應績效的重要前提。

　　西方國家已經深刻認識到這種困境和矛盾，它們透過相互之間的交流合作，積極地尋求解決問題的新方法。從1998年以來，西方國家的高峰會議幾乎一直把全球化作爲探討的主題或者探討具體問題的認識背景，並且在一些問題上達成了共識。發展中國家也不甘落後，努力把全球化放在國家發展議程之中。當然，由於雙方在全球化進程中的地位和利益不同，所以側重點也有巨大的差別。但是在看待國家的問題上，基本傾向是一致的，即：都肯定國家存在的意義，但是承認傳統的國家觀都存在嚴重缺陷。自由主義的國家觀過於強調國家的消極作用，而國家主義的國家觀忽視了社會的作用。因此，要發揮國家的作用，並不是國家包攬一切，而是發揮國家的引導作用。透過改革政府，推動各種非政府力量的發展，協調國家與社會（國內社會和國際社會）之間的合作關係，積極參與國際活動，解決全球化中出現的貧富差距拉大、分配不公等諸多問題。在2000年6月初十四國領袖會議上，美國總統柯林頓的話也許能夠對這種傾向給予最好的說明。他說：「我們認爲如果沒有一個高效率和追求進

步的政府，即一個能夠最大限度地利用新經濟、
治理不利環境和克服困難的政府，我們就不會生
活在一個公正的、能夠對付人類面臨的各種挑戰
的社會裡。……我們不相信放任的經濟政策，也
不相信單憑政府就能解決或無視所有問題。」

註釋

[1] A. G. McGrew & P. G. Lewis et al., *Global politics* (Cambridge: Polity Press, 1992).

[2] 諾姆‧喬姆斯基在《Z雜誌》1997年第五期上發表文章〈自由市場的狂熱：透過世界貿易組織輸出美國的價值觀〉指出，柯林頓政府正逐漸地摒棄透過聯合國的傳統方法，轉而利用新成立的世界貿易組織來實現「輸出美國的價值觀念」。在將來，（引用美國貿易代表的話）世界貿易組織可能是一種最有效的工具，用來推廣「美國對反調控以及對自由市場的狂熱」，「自由競爭、公平原則、有效的執法等美式價值」。而在墨西哥危機中，美國就是利用自己的特殊地位，調動了國際資金來為墨西哥提供救援，並且藉機賺了一大筆。參見斯特蘭奇，《瘋狂的金錢》，楊雪冬譯，社科文獻出版社，2000。

[3] 博頓（Daniel F. Burton, Jr）指出，美國的主要優勢在於國際社會對美國電影、音樂、圖書以及娛樂活動的無盡渴求。而網路的發展為美國提供了巨大的優勢，這是任何一個國家都無法比擬的。這雖然有些過於樂觀，但是非常震撼。（"The brave new wired world," *Foreign Policy,* 1997 Spring, No.106）

[4] Robert Gilpin, *The challenge of global capitalism: The world economy in the new century* (Princeton University Press, 2000).

[5] Christopher Parkes & Henry Tricks, "Illicit angels of

America's economic miracle," *Financial Times,* 2000.2.23

[6] 貝克認爲，之所以如此，主要由於四個因素：(1)這些國家和社會對於經濟發展有著明確的意識，因此更容易感受到全球化的衝擊；(2)這些國家不同於英國和美國，國家有著廣泛的社會責任感，而經濟的發展要擺脫國家的控制，對傳統的福利制度產生了巨大衝擊；(3)全球化衝擊著這些自認爲是同質的社會的認識基礎，傳統的政治認同和經濟模式受到了懷疑；(4)尤其對於德國來說，還面臨著兩德統一帶來的問題。Ulirich Beck, *What is globalization?* (London: Polity Press, 2000).

[7] Ronen Palan, Jason Abbott, & Phil Deans, *State strategies in the global political economy* (London: Pinter, 1996). 帕南 (R. Palan) 等人認爲九〇年代福利國家和社會民主的危機實際上反映了這些國家無法平衡競爭力與保存「傳統」之間的關係。更爲重要的是，對於許多國家，尤其是北歐國家來說，由於經濟過分依賴少數幾個巨型企業，所以整個社會非常容易受到這些公司決策的影響。

[8] James O'Connor, *The fiscal crisis of the state* (NY: St Martin's Press, 1973).

[9] 八〇年代的金融自由化爲這些國家的資本流動提供了機會，歐盟大市場的形成，爲這些國家的企業轉移生產活動地點提供了條件。以瑞典爲例，到1994年，瑞典的生產企業的50％雇員是在外國分支機構工作。("The Nordic countries: A survey," *The Economist,* November 5, 1994.)

[10] 正如Cerny所說，福利國家的危機在於把國民經濟與全球經濟分離開的能力的萎縮。Philip G. Cerny,

"Restructuring the political arena: Globalization and the para-
doxes of the competition," in *Globalization and its critics,* ed.
by Randall D. Germain (NY: St. Martin's Press, 2000),
p.122.

[11] 顯然，歐洲已經明顯意識到自己在資訊技術上的落後，
因此制定的目標非常具體：在2001年前所有歐盟學校都
要與網際網路連接；在2002年之前，所有的老師都要學
會使用新IT；在2005年之前，所有的歐盟公民應該學會
使用IT。

[12] M. Castells, "Four Asian tigers with a dragon head: A com-
parative analysis of the state, economy, and society in the
Asian Pacific Rim," in *States and development in the Asian
Pacific Rim,* eds. by R. B. Appelbaum & J. Henderson
(London: Sage, 1992).

[13] 世界銀行在這方面的作用尤其突出，在1992年專門以東
亞經濟為主題出版了年度報告，並且系統總結了東亞經
濟發展的經驗。

[14] 2000年5月初，在泰國清邁，十三個亞洲國家簽訂了
「清邁動議」，表示在今後將互相支持相互的貨幣，以防
止1997年至1998年的危機重現。其中包括日本、中國和
韓國。這是區域化進程中重要的一步。

[15] Michael Mann, "Nation-states in Europe and other conti-
nents: Diversifying, developing, not dying," *Daedalus*,
1993, 122(3), Summer.

[16] David Hirschman, "Development management versus Third
World bureaucracies: A brief history of conflicting inter-

ests," *Development and Change,* 1999, 30.

[17] 索羅斯爲此專門著文，標題爲〈誰失掉了俄國？〉（ "Who lost Russia?" *New York Review of Books,* 04/13/2000 ）。他認爲，在二次大戰之後，美國爲了幫助歐洲復興，制定了「馬歇爾計畫」，而對於俄羅斯雖然有人提議，但是沒有人相應。有趣的是，著名的左翼經濟學家阿明也持有類似的抱怨 (Samir Amin, Capitalism in the age of globalization (London: Zed Books, 1997).)。當然二人的側重點不同，前者認爲西方社會沒有努力把俄國帶到「開放社會」中，而阿明認爲西方人的忽視給俄國人民帶來了巨大的損失。

[18] 世界銀行，《從計畫到市場：1996年世界發展報告》，中國財政經濟出版社，1996。

[19] 西方許多學者對民主與經濟發展之間關係的研究表明，民主並不是經濟發展的直接決定因素。而經濟發展有助於民主的鞏固。

[20] 世界銀行，《從計畫到市場：1996年世界發展報告》，中國財政經濟出版社，1996。

第四章
同一制度、分殊道路

自資本主義制度在西歐確立以來，資本主義
一直處於不斷演變的過程中。這種演變一方面表
現爲資本主義基本制度被一些國家接受和建立；
另一方面體現爲資本主義被擁有不同歷史傳統、
文化價值以及社會結構等特徵的國家式社會作個
別詮釋，並被賦予本民族或本國特色。因此，雖
然資本主義在全球的擴張加速了其基本制度和價
值的普及，但也產生了不同的資本主義模式，並
爲重新認識資本主義提供了實踐基礎。

冷戰結束後，資本主義面臨著新的環境。在
新環境下，對不同的資本主義模式的討論成了資
本主義世界的一個重要話題。這種新環境對這場
討論產生的影響集中體現在三個方面：一是冷戰

結束後，意識形態鬥爭趨於終結。在失去了外部
批判對象後，資本主義更加關注自身。不同社會
間制度的差異自然成了人們注意的焦點。二是全
球化進程的不斷深入，使更多的國家或社會加入
到這個進程之中。它們在加深了對外部環境的認
識的同時，自我意識也明顯增強，不斷爭取著表
達自己的機會和為自己辯護的權力。另一方面，
冷戰後，外部敵人消失，政治吸引力和凝聚力有
所減弱，更多的國家乘機離開美國的影響，並努
力尋找適合自己特點的發展道路。三是快速的全
球化進程使許多國家難以適應，既有制度不僅無
法解決新出現的問題，而且在某些方面暴露出明
顯的缺陷和滯後性。新情況和新問題迫使這些國
家重新看待本國制度。對其進行改革，並且借鑑
他國的先進經驗。

一、在批評中堅挺的美國模式

　　美國模式的最大特點是強調經濟自由放任、
個人及市場的優先性，推崇個人自己，反對任何

形式的政府干預。對美國模式的批評主要來自歐
洲和東亞，之所以如此，主要原因可能是這兩個
地區經濟實力的明顯增強，使之開始有意識擺脫
美國的影響和約束。阿爾貝（M. Albert）的《資
本主義對抗資本主義》一書集中代表了歐洲的觀
點，他在書中指出，以市場和個人為本位的美國
模式忽視了社會整體的利益，使經濟淪為「賭場
經濟」，造成了充足的物質與貧乏的精神之間的
背離。

　　在東亞，新加坡和馬來西亞是美國模式的主
要批評者，東亞批評的支柱是東亞地區快速增長
的經濟實力，而誘因則是美國長期對該地區的嚴
格控制和輕視。日本的石原慎太郎、新加坡前總
理李光耀、馬來西亞總理馬哈迪多次在不同場合
批評過美國。值得注意的是，日本和馬來西亞的
批評在某種程度上暴露了兩個國家對本地區領導
權的野心。而李光耀則宣揚亞洲價值，批評西
方，尤其是美國的制度缺陷及其文化的潛在危
害。這些批評在某種程度上代表了東亞國家重視
東亞文化價值和質疑西方中心主義的傾向，反映
了它們對自身文化與制度的信心和參與國際對話

的平等意識。1993年，杭廷頓的〈文明的衝突〉
一文發表之後，在亞洲引發了更大規模的、更強
烈的反應，批評的矛頭直指以美國為代表的西方
世界。批評的內容集中在兩點：一是杭氏的觀點
反映了對西方力量削弱、美國霸權衰落的心理恐
慌，帶有濃厚的冷戰情結；二是杭氏建構的文明
衝突前景不過是「西方中心論」的翻版，帶有明
顯的對非西方社會的不信任，甚至偏見。

當然，還應注意的是，美國社會內部對美國
模式的批評也有所加強。這些批評指出，美國模
式導致了社會貧富差距的拉大、對貧困者的歧
視、種族問題的嚴重化、消費主義的氾濫以及社
會價值倫理的敗壞等問題。布熱津斯基在《大混
亂與大失控》一書中特別列舉出困擾美國的二十
個問題。他擔心美國國內出現的社會、文化難題
在兩方面對美國全球地位產生危險：「一方面，
一個基本上由缺少深刻的人的價值觀念、追求物
質享受思想所支配的社會形象，總會削弱美國社
會模式的全球吸引力，特別是作為自由象徵的吸
引力；另一方面，這一形象總會在全世界多數貧
困的廣大群眾中引起過於誇大的物質期望，這類

期望無法得到滿足是可以理解的，但期望落空就
必然會加劇他們對全球不平等的憤慨之情。」[1]
布熱津斯基的這種憂慮在美國政界、學界以及企
業界引起較大的共鳴。杭廷頓撰文警告人們美國
文化並非普遍適用的，有其局限性。[2]美國的
《華盛頓郵報》（1997年11月4日）發表文章指出
美國的政治、經濟和文化中，蘊涵著一種令人討
厭的，而且可能是危險的傲慢態度。甚至美國政
界人士也意識到美國過於自我中心化的意識和行
為所潛藏的危險。眾議院議長1997年11月在喬治
敦大學做演講時說：「我們不學會改變我們的領
導作風，我們最終會在全球引起極大的怨恨。我
們國家幅員遼闊，因而除非我們採取更注意『學
習和聆聽』的領導作風，否則我們會引起許多怨
恨。」

二、在困境中前進的萊茵模式

　　在法國學者米歇爾·阿爾貝看來，萊茵模式
是與美國模式相對立的。列入萊茵模式名單的，

除了德國、日本、瑞典外，還有瑞士、斯堪地那維亞國家等。萊茵模式有兩個特徵：一是經濟優先性，即為實現經濟發展，整個社會上下一心，甚至犧牲局部利益；二是社會優先性，即社會的整體利益優先於個人和局部利益。[3]

　　全球化不斷提出的新問題不僅使各種資本主義模式難以應付，而且造成了模式間的深入比較和反思自我。目前在西方發達國家間，比較西歐和美國在全球化時代的表現成了一個重要話題。過重的社會福利使西歐國家在全球化過程中行動遲緩，不僅失業率居高不下，而且貧富差距也有所拉大。相反美國卻在九○年代保持著低通膨、低失業率的經濟增長趨勢，以至於有人樂觀地提出美國進入「新的經濟時代」。這種鮮明對照產生的後果一方面是歐洲和美國相互批評程度加大，另一方面是歐洲國家自我批評意識明顯增強，前一個方面在1997年6月在丹佛舉行的西方八國領袖會議上體現得最為突出。雖然歐美各國領袖都為本國出現的問題一籌莫展，但在對話時卻針鋒相對，互相批評。在會議上美國總統柯林頓多次提出要建立「市場主導的民主主義」，炫

耀美國是成功的典範，暗含著對歐洲目前制度模
式的批評。但是歐洲領導人顯然對柯林頓的「牛
仔資本主義」感到不舒服。他們認爲美國模式本
身存在很多難題，具有經濟上很不安全和很不平
等的成分。法、德兩國領袖更是明確表示要堅持
自己的模式，走自己的路。

　　歐洲國家領袖的態度強硬並不說明歐洲人仍
然陶醉於自己的福利制度中，在快速的全球化壓
力和美國的強勁經濟增長勢頭的壓力下，他們不
得不面對現實，思考自己的模式的缺陷，而德國
模式和瑞典模式在這場反思中首當其衝。

　　實際上，從1986年瑞典首相帕爾梅被暗殺之
後，瑞典就開始走下坡路。經濟危機造成了失業
增加，經濟增長速度減慢，以及理想主義的潰
散。伴隨經濟問題的是許多政治問題：逃稅漏稅
嚴重、排斥外來移民、政治醜聞不斷、高級幹部
和企業家紛紛流失。這些問題的出現使許多人斷
言在九〇年代瑞典模式會全面遇到危機，並趨於
死亡。法國全國雇主理事會歐洲事務負責人克里
斯蒂安‧布拉特認爲，瑞典模式在兩種時刻已經
死亡：一是政治家忘記了要爲他們將來的花費去

挣錢；二是工會固執己見，一定要保持高工資，不肯降低工資以創造更多的就業機會。「總之，這是一個只願分配財富而不願去創造財富的國家。」[4]

　　相比之下，德國的問題在九〇年代才被更多的人注意。與充滿活力的美國經濟相比，德國經濟顯得充滿病態，缺乏創造力，失業問題嚴重，在1996年3月份，失業率達到占領期之後的最高峰11.1％。從1990年以來，僅製造業就損失了一百二十萬個就業機會。據官方公布的數字，現在有四百二十多萬德國人失業。如果把政府提供就業機會的各項計畫和培訓計畫中的人們計算在內，則實際數字大概超過五百萬人。[5]失業率的增加、勞動力成本的居高不下（從1990年以來，德國單位勞動增加了22％）、技術革新緩慢、現有設備使用等造成了德國經濟增長停滯不前。

　　德國經濟中出現的這些問題是德國模式弊端的必然產物。而這些弊端曾經是導致戰後經濟奇蹟的德國優勢。它們包括：許多方面，如曾經一度充滿合作和創新精神的工會，現在變得越來越自私自利，死抱著高水準的工資福利不放，造成

勞動力成本過高，從而使資本外流；銀行與公司
的密切關係曾經被視爲德國的體制優勢，但現在
卻成了限制公司活動自由以及更大制度創新的束
縛；高稅收、繁瑣的規章制度以及國家過多的干
預，使本國資本失去投資信心；此外，勞務文化
不發達，社會歧視第三產業；公職人員思想陳
舊，帶有更強的官僚色彩，並且習慣於把從事經
濟活動的人以及一般的公民理解爲「屈從於強權
的人」。[6]

　　德國遇到的這些問題在德國引起了廣泛的討
論。討論中的意見分成三派：一派是樂觀派，大
部分德國學者持這種看法，他們認爲德國經濟出
現的問題只是暫時的，它會激發德國各界的創新
精神和務實精神。因爲他們相信德國歷史上危機
帶來的變革和成功的諸多例子已經證明了這點。
經濟學家紐曼說：「德國能夠爲保持競爭力而作
出努力，而且是在自己的體系範圍內做到這一
點。只是時候未到而已。」第二種觀點是徹底改
造派。這一派的代表主要是一些大企業的領導和
學者。他們認爲應該按照美國模式來改造德國模
式，全面改革福利制度、銀行制度、公司治理結

構。比如在公司治理結構問題上，越來越多的公司領導人和投資者開始公開談論要改變現有的「利權人」（stakeholder）體制，擴大股東的影響。戴姆勒－賓士公司新總裁施倫普認為要提高「股東價值」。大力鼓吹擴大股東權利的沃爾茲堡大學的溫格認為只有像美國那樣不顧一切地追求效率，才能提高經濟增長率，最終創造更多的就業機會。第三種派別傾向於在現有的體制框架內進行改革。這一派的代表人物來自政界和學界。這一派承認現有體制存在著許多問題，但是只要積極地進行改革，就能夠更好地發展德國模式的優勢。

德國總理施羅德認為有兩種模式可供從政治上組織與管理發達的工業社會。一個典型是東南亞模式，在那裡國家迫使廣大勞動群眾為了發展而放棄對福利的正常分享，這是一種放棄的社會。另一種形式是產生於德國和西歐的分享的社會，在那裡廣大勞動群眾正當地分享勞動所得，不僅分享社會財產，而且也有發言權。施羅德認為，相比之下，後一種模式將是下一個千年真正成功的模式。

1997年10月17日的《時代》週刊刊登了羅格爾·德韋克的文章指出，德國模式的支柱——社會市場經濟的三個組成部分已經發生了變化。在經濟方面，在路德維希·艾哈德設計這個模式時，經濟可以與工業劃等號。聚集在工廠中的人們需要規則來協調利益關係。電子革命推動了工業時代向資訊時代的轉變，工業組織逐漸消解。網路替代了工廠，工作形式趨向多樣，工業時代的制度已不再適應。在市場方面，產品壽命越來越短，競爭越演越烈，國家的調節能力無法適應市場的變化。在社會方面，社會保險越來越昂貴，國家支出不斷上升，但財產分配一年比一年不均，失業問題嚴重。經濟、市場、社會的變化使產生於特定時代的社會市場經濟制度難以適應，但這等於其使命已經完結，只要進行自我革新，仍然前途光明。德韋克還提出幾條不會引起過多爭論的改革原則：

1. 社會市場經濟應對少數不能把握市場機會的人負有照顧的義務。
2. 社會公益就是使個人有能力自主和激勵他

們自主，鼓勵團體自助。

3.國家不應事必躬親，負擔過重，而是確立
　規則，引導社會行為。

4.使社會福利事業非官僚化，簡化龐雜的勞
　工法。

5.抑制社會公共福利稅上漲，降低勞動成
　本。

6.鼓勵而非阻礙和資訊時代相適應的新的職
　業和靈活的工作形式。

7.簡化公司成立的審批程序。[7]

三、遭受重大挫折的東亞模式

　　相對於西方經濟的緩慢增長，東亞經濟增長
迅速。東亞模式在經濟效果方面明顯優於其他幾
個模式，以至於有許多人認為下一個世紀將是這
些瀕臨太平洋的經濟體居主導地位的「太平洋世
紀」。對於東亞模式的批評遠遠少於對其衷心讚
揚。但是從1995年開始這種局面開始發生變化。
美國經濟學家克魯格曼在一篇文章中提出東亞不

存在經濟奇蹟。該地區的經濟增長並非基於技術進步或組織創新，而是傳統模式的繼續，即依靠高投資及勞動力從農業向工業的大幅度轉移。這種模式類似於前蘇聯，而一旦投入枯竭，資本與產出比達到富裕國家水準，收益就會減少，增長將急劇放慢。[8]

克魯格曼的觀點引起一時的轟動，也遭到了各方面的強烈批評。這些批評認爲克魯格曼把東亞奇蹟的產生原因簡單化了，並沒有看到東亞模式特殊的制度優勢和文化優勢。從這些反駁中可以看到，大部分人仍然堅信東亞模式會在未來繼續保持強勁的增長勢頭，而沒有注意到東亞模式的內在缺陷。直到1997年3月東南亞金融危機開始時，東亞模式的缺陷才成爲人們注意的焦點。東南亞金融危機從泰國開始，隨後把馬來西亞、菲律賓也捲了進來，造成這些國家貨幣的大幅度貶值，國內產業蕭條，出口速度減慢，從7月份以後，東亞經濟也出現動盪，台灣、香港股市先後出現大幅度下跌，隨後韓國金融出現劇烈動盪，日本山一證券公司宣告破產，東亞模式的幾個主要代表都陷入不同程度的金融危機中。

　　東亞模式遇到的問題暴露出該模式的許多弊端。這些弊端可以分為兩類：一類體現在發展策略方面。由於過於強調發展速度和出口，所以投資集中在能夠利用低成本勞動力優勢的加工產業以及高利潤的房地產業，忽視了對基礎設施建設的投資，造成了投資瓶頸和泡沫經濟；過於依重外資，尤其是國際短期貸款。這些短期貸款具有極強的投機趨勢，一旦撤出就會造成國內資金短缺，產生停滯；國家的金融監管不力，一方面借貸條件過於寬鬆，助長了資金流向少數行業，如半導體、消費電器、化工等，造成這些行業生產能力過剩；另一方面資金流向不合理，主要集中在與政府關係密切的少數大型企業，而中小型企業則現金拮据。這一點在韓國最為突出。其經濟的大部分被財團（chaebol）控制，而這些財團則是在政府提供優惠貸款的條件下發展起來的，它們占有了銀行的大部分貸款。現在這些財團運行出現問題，隨之也影響了銀行業的正常運轉。

　　第二類存在於東亞模式的體制結構中。長期以來，對於東亞模式的各種解釋都不同程度地強調國家在經濟生活中的積極角色。金融危機出現

後，批評的矛頭開始指向這個體制特徵。這些批評認為，在市場變化迅忽、競爭愈加激烈的全球化時代中，國家的干預存在著很大風險。之所以這樣主要有兩個原因：一是政府決策難以跟上市場的變化，這造成了政府各項政策的失效，並會產生副作用；二是國家與企業界、銀行界的長期密切聯繫，產生了一些強大的既得利益集團。尤其是那些長期受政府保護的產業，以及握有重要決策權的政府部門，它們為了自己的利益，往往反對改革既有的制度框架，反對取消補貼和更大程度的經濟自由化。這樣的結果是限制了創新和整個制度對全球化進程的適應，因此，英國《經濟學家》雜誌尖銳指出，對亞洲經濟奇蹟的最大挑戰可能不是經濟的，而是政治的。美國安全研究中心亞洲研究部主任芒羅認為東亞和東南亞國家目前遇到的危機，在很大程度上可以歸因於貸款銀行與任意浪費資金的企業家之間的秘密關係，以及他們與政治家互相勾結的關係。[9]

　　對於東亞模式的前途有兩種看法。一種認為東亞模式已經過時，持這種看法的多為西方主流人士和機構。國際貨幣基金組織總裁米歇爾‧康

德蘇在接受西班牙《國家報》採訪時說，亞洲的
經濟模式已經過時了。而美國的幾大主流報紙，
如《華盛頓郵報》、《華爾街日報》也極力鼓吹
這個論調。另一種認爲東亞模式現在遇到的問題
只是暫時的，並不能說明東亞模式已經喪失了活
力和效力。法國《世界報》就認爲：「從根本上
說，這是一場青春期的危機。」[10] 這場危機有助
於這些國家調整畸形的產業結構，並獲得更大的
出口優勢（貨幣貶值）。更重要的是，這場危機
使這些一度自我陶醉的新興工業化國家冷靜下
來，更好地調整現有制度。從這點上講，危機對
東亞模式是一件好事，是其發展中的暫時挫折。

四、尋找「第三條道路」

所謂的「第三條」道路，指的是不同於美國
模式和歐洲福利國家的模式的另一種模式。提出
這個問題的主要原因是，在發達國家中，經濟增
長、就業、福利之間的矛盾日益突出，美國模式
解決這個矛盾的方法是爲維持經濟增長，減少福

利，以放寬就業限制和工資限制來增加就業。而
就業的增加則是以貧富差距的拉大為代價的。歐
洲模式的解決方法則是把高福利和維持平等放在
首位，因而犧牲了就業和經濟增長。造成這種矛
盾的突出原因主要在於，快速的經濟全球化和大
規模的技術變革，使得發達國家勞動力中三分之
一的處於底層的工人面臨挑戰，因為他們所從事
的傳統製造業或者以更加低廉的成本在世界其他
地區完成，或者由電腦和機器人取代。

　　對西方人來說，美國模式和歐洲模式並不是
最佳選擇，因為二者都在進行了兩難取捨。因此
必須尋找而且可以找到第三條道路。美國前勞工
部長羅伯特‧賴克就認為，發達國家不一定非得
在這兩者之間進行非此即彼的選擇，還存在著既
能提供較多的工作機會又能增強社會凝聚力的第
三條道路。要達到這個目標應該採取以下措施：
給予雇主在僱傭和工資福利上最大限度的靈活
性；改革福利制度，逐漸減少現金補助額，以至
完全停止補助；增強大批勞動力的適應能力，全
速發展經濟。這些措施實際上是各方利益重新調
整的過程，因此需要各方的妥協讓步，以及政治

領導人的協調。賴克說：「工人們必須放棄那些
束縛雇主的僵硬法律，雇主們必須把增加的利潤
用於提高工人的技術和擴大他們的營業，而全球
的投資家和銀行家們則必須更加耐心，只要是為
全力以赴提高勞動者適應能力而欠下的公共債務
就應寬容。」[11]

　　許多西方人認為，「第三條道路」並非空
想，而是有現實的例子。荷蘭就找到了這條道
路，在那裡「開放、生機勃勃的市場與提供慷慨
的社會福利，以及保證一定程度的社會正義結合
在一起」。荷蘭的成績在歐洲是非常突出的。在
過去五年裡，荷蘭經濟的增長速度超過了英國、
法國和德國，而且荷蘭6.5％的失業率也大大低於
這些歐洲大國。荷蘭的成功主要基於以下原因：
(1)政府對通貨膨脹率和利率加以控制，使之保持
低水準；(2)放寬聘用和解雇限制，減少了開設新
企業的繁雜手續；(3)積極發展臨時就業市場。據
統計在過去四年裡職業介紹所增加了50％。臨時
工仲介機構每年把大約30％的註冊人員推介到全
日制工作崗位上。現在荷蘭的臨時工和業餘工人
人數已增至工人總數的10.5％。經濟學家們認

為，失業率的急劇下降與這些工人數量增加有著
直接關係；(4)最重要的一點是荷蘭長期形成的協
商傳統和妥協文化。同英、法、西班牙等鄰國發
生動亂形成鮮明對照的是，荷蘭人致力於避免意
識形態對抗，並且十多年來一直由左翼和右翼的
聯合政府執政，工會與資方能夠談判達成相互妥
協和合作。荷蘭經濟部的一位官員說：「荷蘭奇
蹟如果存在的話，就是我們的工會可以被說服去
支持自由市場經濟。」在1997年5月份，經濟合
作暨發展組織指出荷蘭成功的「辦法是透過達成
一致意見，這涉及到各個社會夥伴，但顯然沒有
對社會內聚力構成威脅」。[12]

　　荷蘭的成功有其特殊性，在這一點上該模式
無法複製，但是其成功卻為陷於福利困境中的歐
洲國家指明了一個方向，即國家、社會要主動適
應整個時代的變化，特別是快速的全球化進程，
改革舊的僵硬制度，以有彈性的體制尋求與時代
變化的契合。

五、多樣性與相互學習

在各國尋找各自道路的過程中,對於資本主義的認識也有所變化。這種變化的最大特點是傳統的以西方為中心所定義的資本主義正在受到批評,甚至拋棄,資本主義不是統一的模式和體制,而是為了同一個理想所進行的多樣化的實踐。進一步講,最早出現的盎格魯一薩克遜式的資本主義只是資本主義的一種形式,並不是普遍適用的。各國、各個民族由於歷史傳統、社會文化以及政治經濟結構等因素的不同,在實踐資本主義的過程中都打上了自己的有特色的烙印。因此現存的資本主義中沒有真正理想化的資本主義,只有形形色色的依據自己特點所創造出的實踐的資本主義。資本主義多種模式的爭論正是從這個角度出發的。

那麼,眾多的現實資本主義是否也有優劣之分呢?在這個問題上存在著兩種截然相反的觀點:一種觀點認為不同形式的資本主義都是歷史

的產物，沒有優劣之分，尤其不能用西方的標準
來評判一切。在對待東亞模式這個問題上，這種
觀點表現得最爲充分。法國《回聲報》發表的一
篇戈爾東·雷丁的文章指出，在東亞三十年繁榮
期間產生了三個強大的經濟體系，每個體系都有
其特殊的組織模式，它們包括日本的公司網絡、
韓國的財團和華人的家族企業。這幾個模式都是
在一定的環境中應運而生的，它們深深紮根於文
化和社會發展之中，它們不模仿西方模式，它們
的行爲也不必遵循西方的準則和理想。最近亞洲
金融危機再一次掀起了對東亞模式的批評高潮。
針對來自西方尤其是美國的激烈批評，有學者指
出，目前對亞洲的批評完全出於西方式的傲慢，
實際上沒有單一的經濟模式，更沒有最佳的政治
模式。[13]亞洲問題的關鍵始終是健全的治理，而
不是體制的性質。亞洲驚人的經濟增長使上億人
擺脫了貧困，並產生了起穩定作用的中產階級，
這些成就足以證明了亞洲價值的優勢所在。[14]

　　另一種觀點認爲儘管存在著不同的資本主
義，但是資本主義之間存在著極大的差別和優劣
之分。例如福山利用「社會資本」分析了不同的

資本主義，他指出，美國和日本的資本主義的社
會資本高，所以比其他資本主義更有效率，並且
更能夠持續發展。[15]而一些西方人把這種態度運
用到對亞洲危機的評價上。例如，在亞洲危機
中，美國的一部分報紙批評「亞洲價值觀念」，
說它是有形無實的東西，《紐約時報》的文章更
加強硬地指出，亞洲資本主義的價值觀念是腐敗
和裙帶關係。在這種情況下，亞洲各國應該放棄
自己的模式，代之以西方模式。

　　總之，對多樣化資本主義的承認是對西方主
流價值和長期建立的西方霸權的一個衝擊。但是
這種衝擊的影響究竟會持續多長時間，會有多大
效力，至今仍是一個疑問，因為資本主義從其產
生以來一直被視為西方的資本主義，這種觀念根
深柢固，而且有強大的政治經濟支柱和制度維
護。但這至少說明資本主義內部開始出現分化，
並且彼此透過相互參照，進行著相應的學習。從
這點上講，資本主義是開放的，而且有很強的適
應能力。

註釋

[1] 布熱津斯基，《大混亂與大失控》，中國社會科學出版社，1996，頁126。

[2] 杭廷頓，〈西方文化是特有的但不是普遍適用的〉，《外交》雜誌，1996，11-12月號。

[3] Michael Albert, *Capitalism vs. capitalism*, trans. by Paul Hariland (NY: Four Walls Eight Windows, 1993).

[4] 法國《星期四事件》週刊，1996.5.15.

[5] 《新聞週刊》，1996.3.18.

[6] 格·施羅德，〈德國經濟——吸引力和陰暗面〉，《國際政治》，1997，期7。

[7] 〈今天何謂社會？——德國在尋求新的社會市場經濟〉。

[8] Paul Krugman, "The myth of one Asian miracle," Foreign Affaire, 1995, 73(6).

[9] 〈東亞經濟應該選擇的道路〉，《產經新聞》（日本），1997.11.30。

[10] 〈人們對「新興國家」的增長模式提出質疑〉，《世界報》，1997.11.24。

[11] 〈新的舉措和公平舉措〉，《衛報》，1997.7.14。

[12] 馬利斯·西蒙斯，〈荷蘭人走向繁榮的「第三條道路」〉，《紐約時報》，1997.6.16。

[13] 巴里·韋恩，〈讓我們不要摒棄亞洲價值觀念〉，《亞洲華爾街日報》，1997.12.5。

[14] 〈亞洲資本主義的三種特色〉，1997.10.31。

[15] Francis Fukuyama, *Trust: The social virtues and the creation of prosperity* (NY: Free Press, 1995).

第五章
經濟依存與多米諾骨牌

　　冷戰結束後，全球經濟的整合程度得到了實質性提高。這一方面體現為資本、人員和物資等要素在全球的大範圍、高強度流動，另一方面體現為以世界貿易組織、世界銀行等為代表的國際經濟組織制定的規則逐漸成為全球性規則。各國雖然依然嚴守著傳統「西伐利亞」主權概念，但是經濟上的相互依存迫使它們對資本和市場的步步緊逼不斷讓步。經濟上的整合和政治上的分割在這種緊密聯繫的背後埋下了危險的導火線。

一、從墨西哥危機到亞洲危機

　　1994年末和1995年初，墨西哥陷入嚴重的金融危機。這場危機被一些學者稱爲「全球化時代的第一次危機」。之所以這樣講，主要有兩個原因：一是這場危機發生在墨西哥加入「北美自由貿易協定」——後者被認爲是全球化進程重要標誌之一——之後，在很大程度上是加入經濟全球化進程中必然出現的；二是這場危機並不是傳統意義上的經濟危機，即由於國內生產過剩導致的危機，而是金融領域的變化，特別是國際利率和匯率引發的危機。從這個意義而言，墨西哥危機的爆發標誌著金融危機取代了經濟危機，成爲當代市場經濟發展過程的首要的危機形式；同時也標誌著金融領域在整個市場經濟中的核心地位得到了確立。[1]

　　亞洲危機，更確切地說是東亞和東南亞危機是從1997年下半年開始的。與墨西哥危機相比，亞洲危機在表徵和影響上更具有全球性。這主要

體現在以下幾個方面：

(一)影響範圍是全球性的

　　首先是印尼、韓國、馬來西亞、菲律賓以及泰國出現了大規模的私人資本外移，總數達到了一千多億美元，占這些國家危機前國內生產總值的大約11％。這導致了這些國家貨幣的劇烈貶值。在一年之後，也就是1998年8月的時候，危機變成了全球性的。俄國、拉丁美洲等國都遭到了資本外移的衝擊。

(二)對於各國以及世界經濟運行產生的衝擊更為全面深刻

　　各國的國內生產總值、國內需求、外匯存底、出口增長率等主要經濟指標都出現了明顯的下降。尤其對於長期以來保持世界領先經濟增長率的東亞國家來說，經濟的急劇下滑使各國政府顯得手足無措，政局出現動盪。但是，更為嚴重的是，由於各國貨幣匯率的大幅度貶值，這些國家的人民長期辛苦積累下的財富一夜之間減損大半，造成了國際購買力的減弱以及生活水準的下

降。本來已經大幅度減少的貧困人口數量出現明
顯反彈。

　　亞洲危機也對全球經濟的增長產生了嚴重的
負面影響。長期以來，東亞和東南亞一直奉行出
口導向政策，充分利用了低勞動成本優勢，是世
界市場的重要組成部分。東亞和東南亞經濟的增
長不僅拉動了全球經濟的增長，而且有利於全球
資源的有效率配置。亞洲危機直接影響到了全球
經濟增長總水準，並且不利於全球經濟的均衡發
展。

(三)亞洲危機爆發的原因更加複雜，更具有
##　　國際性

　　經濟合作暨發展組織在一份分析報告中指
出，雖然亞洲危機的直接原因在本質上是金融方
面的，但是有越來越多的事實表明，這些國家產
業的結構性弱點在其中扮演了根本性角色。[2]有
學者認為墨西哥的危機是由於貨幣危機引發金融
危機，而泰國等國是由於金融危機引發貨幣危
機。[3]實際原因更為多樣，因為亞洲危機是地區
性的，牽扯的國家更多，而且各國情況也明顯不

同。經濟學家馬丁‧費爾德斯坦（Martin
Feldstein）指出，東亞各國的問題源於不同原
因。泰國、印尼和馬來西亞的問題是幣值高估和
固定匯率；韓國的問題是放縱一些金融機構承擔
大量的短期美元債務並且把這些資金投在高風險
的長期項目上。因此整個地區經濟的衰退反映的
是「危機管理」的問題，而不是各經濟體的基本
特徵（例如政府－企業關係、勞動市場原則、出
口保護程度以及不願意外國所有權擴大等）。[4]

二、對「華盛頓共識」的質疑

在一九八〇年代的「柴契爾主義」、「雷根
主義」的推動下，1989年國際貨幣基金組織提出
了「華盛頓共識」，成為發達國家建構全球經濟
秩序的理念基礎。它包括十項內容：在財政上嚴
格控制，減少赤字；在公共開支方面，取消補
貼，政府投資方向轉到教育、健康和基礎設施
上；實行稅收改革，擴大稅基，邊際稅率要適
度；在利率政策上，實行正的實際利率，減少資

本外移，提高儲蓄；在匯率政策上實行「競爭性」
匯率；實現關稅最小化，推動貿易自由化；放寬
外國直接投資限制；實行私有化；解除政府管
制；改革產權結構。[5]在當時的歷史環境下，
「華盛頓共識」扮演了新的意識形態的角色，成
爲西方傳播其理念、爲其利益辯護的重要根據。
從內容上看，「華盛頓共識」的側重點是擴大市
場的力量，而且實事求是地講，在單項建議上具
有相當的合理性，並且推動了國際資本在全球範
圍更自由的流動。但是，作爲一個整體的經濟發
展策略，「華盛頓共識」具有兩個明顯的缺陷：
一是只強調如何解放市場，不關注社會公正，只
強調經濟因素，忽視了政治因素，只強調給資本
以自由，忽視了對資本的有效合理管制；二是其
思想的最初版本來自西方經驗，把發展問題線性
化、單一途徑化了，沒有爲其他可能的選擇提供
空間。而且更爲重要的是，這種「共識」的實現
在很大程度上並不是自願的，而是脅迫性的。西
方國家和以國際貨幣基金組織爲代表的國際組織
常常用停止援助資金、貸款等手段來迫使發展中
國家來實行。這種方式很容易產生不顧各國實際

情況的武斷做法，為了短期內能夠實現經濟自由化而忽視了相關的配套制度改革，並且容易引發社會矛盾，造成政治的不穩定。

「華盛頓共識」的弱點在東亞危機中充分暴露出來。首先是這些國家在缺乏制度保障的情況下，過快地開放了國內金融市場，造成了大量投機資本的湧入，使管制當局無法應付。其次，西方國家，尤其是美國的消極態度表明，國家利益在國際援助行動中依然是核心動力。在墨西哥危機中，美國表現非常積極，在它的推動下，經過國際貨幣基金組織協商，在1995年宣布提供約四百八十億美元的援助（其中美國二百億，國際貨幣基金組織一百七十八億，國際清算銀行一百億）。而在亞洲危機中，美國並沒有採取積極的實際行動，而是先對東亞模式橫加指責，然後又壓迫國際貨幣基金組織，對危機國提出援助條件。至於日本，作為該地區唯一的經濟強國，行為更為人所不齒。它沒有積極協調地區行為，相反想藉機擺脫本國長期經濟衰退的困境。最後，資本的全球流動性與資本管理的局部性和有限性之間存在著尖銳的矛盾。現有的經濟治理依然是

以民族—國家爲基本單位的，輔以區域性組織和
一些國際組織。在區域組織上，目前最完善的是
歐盟，而負責全球經濟事務的國際組織主要是國
際貨幣基金組織和世界銀行。

　　在這次危機中，忠實執行「華盛頓共識」的
國際貨幣基金組織成爲批評的焦點。批評集中在
以下幾個方面：

　　第一，現有的國際經濟治理結構和制度實際
上是根據二十世紀三〇年代經濟危機的經驗建立
的，因此無法適應新的形勢，作出更合理的反
應。薩克斯等人認爲，在1997年危機中，國際貨
幣基金組織的政策失誤表現爲：誇大了問題的嚴
重性，因此肯定在措施上不謀求在短期內恢復信
心；從一開始就把危機歸結爲國內要素的基本缺
陷，而不是債權人自己造成的恐慌，實際上加劇
了市場的動盪；其採取的措施使債權人認爲無法
挽救，所以收回了短期投資；其提出的財政政策
與貨幣政策之間存在著矛盾。貨幣緊縮政策在通
常情況下可以加強一國匯率，但在恐慌時期卻減
少了國內經濟的流動資金，削弱了商業借款人，
給銀行增加了壓力；國際貨幣基金組織的貸款的

不確定性削弱了借款人的信心。總之，國際貨幣基金組織的措施實際上起到了「在劇場中喊失火」的負面效應。[6] 曾經擔任白宮經濟顧問委員會主席的費爾德斯坦指出，導致印尼和韓國經濟崩潰的是國際貨幣基金組織以及該組織中盛行的全球主義。他的結論是「國際貨幣基金組織試圖強加給亞洲的『大刀闊斧的結構性和制度性改革』，無論從短期還是長期來看，都將帶來惡果」。

第二，國際貨幣基金組織是國際官僚，其行為缺乏民主和監督，很容易成為暗箱作業。有學者指出，實際上早在墨西哥危機中，國際貨幣基金組織內部就有報告指出了一些缺陷，但是很快就被掩蓋過去。而在東亞危機爆發之前，組織內部報告就提出了印尼存在著危機隱患，並且寫進了康德蘇訪問印尼的講話稿中，但是在訪問印尼時，康德蘇有意忽略了這些內容，只讚揚印尼的優點。而在解決危機時，國際貨幣基金組織無視其他意見，一意孤行。造成的結果是，就像墨西哥在1994年到1995年那樣，韓國和其他亞洲國家是由於自己沒犯下的罪行而受到懲罰。這些國家的通貨膨脹和政府財政預算都受到控制。它們不

是罪人,卻是不健全的國際匯率制度的受害者。[7]

　　第三,國際貨幣基金組織是國際資本利益的代表,是美國為首的西方國家的工具。長期以來,這一直是左翼學者堅持的觀點。比如著名學者阿明認為,國際貨幣基金組織:(1)從一開始建立就受美國控制;(2)從來無法迫使大國接受自己的建議和措施;(3)在與第三世界的關係,未能阻止債務危機的出現,也沒能有效地解決債務危機;(4)對於東歐國家的經濟轉型,把過多的精力,不顧實際情況放在實現這些國家的貨幣可兌換上,使這些國家承擔了巨大的代價;(5)沒有實現自己目標的實際權力,不過是七國集團的工具。[8]在亞洲危機中,越來越多的學者加入到批評的隊伍中,其中最突出的有薩克斯、詹姆斯·托賓、喬姆斯基、巴格瓦蒂、斯蒂格利茨等人。這些學者大部分屬於西方主流隊伍,其對國際貨幣基金組織的批評在表面上似乎並不合理,但從另一個角度看,充分說明了現有的國際經濟治理結構存在問題的嚴重性。

　　薩克斯認為,國際貨幣基金組織權力的一個重要基礎,就是它是美國財政部干預發展中國家

的工具。[9]而巴格瓦蒂講得更加明確。他認為現
在的國際經濟治理結構被所謂的「華爾街─財政
部集團」所控制，這個集團透過影響美國政府，
進而控制著國際經濟，為資本在全球流動開路。
他說，華爾街之所以對華盛頓具有超凡影響力，
原因很簡單，趣味相投、地位顯赫的各界名流形
成了一個小圈子，他們大多來自華爾街、財政
部、國務院、國際貨幣基金組織以及世界銀行等
最著名的機構。財政部長魯賓來自華爾街；阿特
曼從華爾街來到財政部，接著又回去了；尼古拉
斯‧布雷迪（Nicholas Brady）曾任布希總統的財
政部長，現在重操金融舊業；恩斯特‧斯特恩
（Ernest Stem）曾任世界銀行代總裁，現在是J. P.
摩根的總裁；詹姆斯‧沃爾芬森（James
Wolfensohn）曾是一名投資銀行家，現任世界銀
行總裁……這樣的例子不勝枚舉。而國際貨幣基
金組織成了維護這個集團利益的重要工具，它考
慮問題的出發點不是危機國，而是資本。[10]

三、防範：改革和預警

　　東亞危機之後，如何防範金融危機的出現和
蔓延成為國際社會關注的重點。改革現有國際經
濟治理結構和建立危機預警機制成為許多國際機
構和學者提出的兩個主要措施。

(一)改革

　　對於現有的國際經濟治理結構和制度，有兩
種看法：一種看法是取消國際貨幣基金組織，建
立有能力管理和協調全球貨幣、充當最後貸款人
的新機構。在目前情況下，這種看法過於極端，
缺乏可操作性。另一種看法認為國際貨幣基金組
織和世界銀行這兩大組織並沒有過時，不應該終
止，而應該進行改革，使之更開放、更透明、更
有效力。1998年諾貝爾經濟學獎得主森
（Amartya Sen）在談到國際貨幣基金組織時指
出，它並沒有過時，對於穩定很有必要。世界經
濟和金融的領導作用是把短期穩定與長期穩定工

作結合起來，另外就是保護易受傷害的國家。國
際貨幣基金組織的改革包括以下方面：

第一，加強國際貨幣基金組織的公開性。薩
克斯提出改革國際貨幣基金組織要從三個方面入
手：(1)公開所有計畫資料，公開進行討論並接受
批評性檢查；(2)執行委員會要監督成員的工作，
不能只是橡皮圖章；(3)結束國際貨幣基金組織對
發展中世界虛假的政策制定壟斷。

第二，改革國際貨幣基金組織的管理許可
權。在這個問題上，美國財政部長薩默斯和國際
貨幣基金組織總裁康德蘇持相反的立場。前者認
為，除了幫助最貧困國家減低債務負擔外，國際
貨幣基金組織應該把注意力放在預防和解決危機
上，這意味著國際貨幣基金組織將不再承擔向發
展中國家進行中長期融資的任務。而康德蘇認
為，許多國家還需要國際貨幣基金組織的支持，
而且不可能把世界各國區分為對金融體制有重大
影響和無重大影響的兩類。應該進一步提高基金
組織的地位和權力，使之成為全球金融體制的最
後貸款人。[11]

第三，重新確立國際貨幣基金組織政策制定

的基本原則。費爾德斯坦認為國際貨幣基金組織
所提出的改革應該符合三個條件：(1)與國際資本
市場接軌是有必要的；(2)不能干涉主權國家所固
有的法律權限；(3)改革內容同樣也適應於主要工
業化國家。他認為，國際貨幣基金組織在制定政
策上，要放棄美國模式，根據各國的具體情況提
出適用的改革方案。

　　第四，對國際經濟治理結構進行全方位的改
革。曾擔任國際貨幣基金組織高級官員的高塔
姆‧卡吉與佩賴‧米斯特里，提出國際貨幣基金
組織應集中精力處理國家與國際的可能影響金融
市場全球化的政策、困難和問題。它的目標應是
實現國家、地區和全球這三個層次的協調。除了
發揮監督作用外，國際貨幣基金組織應著力消除
或迅速矯正由發達的或者新興市場暫時故障引起
的混亂。[12]

　　除了改革國際貨幣基金組織和世界銀行外，
還有學者提出要加強巴塞爾銀行監理委員會、國
際證券委員會組織以及國際清算銀行等組織。儘
管這些組織在相關領域的管理方面取得了很大進
步，但是它們對於各國政府的行為的監督和引導

缺乏有效的執行機制，並且彼此之間的協調關係
也存在著問題，依然有很大改革和深化空間。

(二)預警

　　全球金融市場充滿了風險，要進行準確及時
的預警顯然非常困難。可以肯定地說，現在還沒
有一套非常有效的預警系統。但是一些學者的研
究成果還是富有啓發意義的。

　　薩克斯等人認爲過去的預測模型無法解釋
亞洲危機，因爲它們沒有把「沒有流動性」
（illiquidity）和「沒有清償能力」（insolvency）
區分開來。沒有流動資金的貸款者雖然缺乏現金
來支付債務，但是其資產的能力足以支付未來的
債務。但是，債權人個體由於擔心貸款無法償
還，會停止貸款，這樣會在債權人中間產生連鎖
效應，最後導致資本市場的自我恐慌。當資本市
場不向具有清償能力的貸款者提供新貸款的時
候，沒有流動資金就會導致金融危機。亞洲危機
不是因爲沒有清償能力，而是因爲沒有流動資
金。因此，他們認爲，危機是由債權人對其他債
權人期望的劇烈變動引發的。他們根據1994年至

1997年在二十四個新興市場中發生的九次金融危機的情況，建立了一個概率單位模型。在這個模型中，他們提出了七個危機預警指標。它們分別是：短期債務／外匯存底、債務人信用／GDP、資本流入／GDP、現金帳戶／GDP、外債總量／GDP、眞實匯率的變動以及腐敗的比較指數。他們透過分析指出，只有前三個與危機有重要關聯，而其他提供的或者是錯誤信號，後者是不重要的信號。

由艾斯里・德謨夏克—坎特（Asli Demirguc-kunt）和德特拉加克（Enrica Detragiache）進行的一項研究發現，銀行危機最重要的預兆是：宏觀經濟因素（低增長和高通貨膨脹）、高利率、資本外流的易動性、國內金融自由化和無效的法律實施。

多米尼克・薩爾瓦多提出的預警指標包括：經常項目赤字（國內投資減儲蓄加政府開支減財政收入）、全部外債與國內生產總值的比率、短期外債與國內生產總值的比率、經常項目赤字減去外國直接投資後的數量占國內生產總值的比率。外債過大而需要支付鉅額的利息和費用，使

一國容易面臨資金枯竭和外國投資者因害怕該國
無法履行債務而突然撤走資金的風險。其他指標
包括:一國短期債務與國際儲備的比率、償付外
債與其國際儲備的比率、償付外債與其出口創匯
的比率、一國的外匯存底所能支撐的進口付匯能
力的比率。他認為單一指標是不能準確預測一國
何時面臨危機的;多個指標固然優於單一指標,
但也未必能準確地預測金融危機;各國具體情況
應區別對待;金融指標僅在以下幾個方面有用:
提供一國金融形勢概況;預警一國如處理不當,
可能發生的金融危機及已發生的危機可能帶來的
損失;政治危機常對金融起催化劑作用。[13]

　　東亞危機與以前發生的危機的顯著不同點就
在於許多東亞國家的宏觀經濟基礎是相當牢靠
的,表現在高儲蓄、預算盈餘或少量赤字、低通
貨膨脹以及相比較而言為數不多的外債等多方
面。儘管一些同家(如泰國)有較大的經常項目
赤字,而另一些國家(如印尼)的經常項目赤字
卻不大,有的國家(如韓國和馬來西亞)的赤字
不僅適中而且還在下降。雖然東亞危機有其獨特
指標,但是眾多研究表明,在危機預警指標中,

與流動資本相關的各個指標帶有更強的關聯性，
因此也特別值得重視。

四、發展中國家：風險與機會

　　亞歷山大·拉姆法魯西（Alexandre
Lamfalussy）說，八〇年代「世界金融體系突然
間發生了三場革命——解除管制、國際化以及創
新」。[14]對於發展中國家來說，在國內經濟發展
要求和國際壓力的推動下，它們開放國內金融市
場，允許外資的進入，實行浮動匯率。這些措施
深化了這些國民經濟與世界市場的聯繫，尤其爲
西方資本提供了新的利潤空間。與此同時，以資
訊技術爲基礎的金融創新以及西方各國金融制度
的改革也爲西方資本的向外輸出提供了有力的支
持。

　　特別值得強調的是，資本的全球流動並不單
純是一個經濟現象，而是帶有強烈的政治色彩，
是在西方政府的推動和支持下完成的。海萊納
（E. Helleiner）認爲，八〇年代各國對金融體制

實行的自由化實際上是政策制定者在面對明確的
問題和選擇情況下精心採取的政治決定。[15]政府
與資本的有效互動進一步鞏固了西方國家在全球
金融市場中的優勢。以金融創新為例，八〇年代
以來的主要金融創新基本上都是在美國完成的
（見表5-1）。金融創新是一種雙向的工具。一方
面可以為資本向外流動提供更簡單便捷的手段和
途徑，另一方面也有利於政府的監管能力的提
供，可以更有效的防範金融風險。在創新領域
中，誰第一個創新，誰就會第一個受益。西方國
家在這方面占據了明顯的優勢。而發展中國家則
暴露出明顯的缺陷。

表5-1　八〇年代以來的金融創新

創新時間	創新內容	創新目的	創新地
1980	債務保證債券、貨幣掉期	防範信用和匯率風險	瑞士、美國
1980	失衡管理	防範經營風險	美國
1981	多用途電子卡、銀行電話付款	提高系統效率	美國
1981	零息債券、利率掉期、票據發行便利	防範利率風險、信用創造	美國

（續）表5-1　八〇年代以來的金融創新

創新時間	創新內容	創新目的	創新地
1982	期權交易、股指期貨、可調利率優先股	降低市場系統風險	美國
1983	利率上限和下限期權、中期政府債券期權	降低市場系統風險	美國、國際銀行機構
1984	遠期利率協定、歐洲美元期貨期權	轉嫁利率風險、降低市場風險	銀行機構、美國
1985	貸款證券化、可變期限證券、保證無損債券	創造信用、降低市場風險	美國
1986	參與抵押貸款	分散風險	美國
1987	平均期權、長期債券期貨期權、複合期權	降低市場系統風險	美國
1988	國際銀行資本充足性管理	降低國際銀行經營風險	巴塞爾委員會
1989	三個月歐洲馬克期貨、歐洲貨幣單位期貨	防範匯率風險	國際銀行機構
90年代初	證券組合掉期、特種掉期、無本金貨幣期貨	降低市場系統風險	美國
1994	涉及衍生品風險管理的資本充足性要求	降低國際銀行經營風險	巴塞爾委員會

資料來源：鍾偉，《資本浪潮：金融資本全球化論綱》，中國財政經濟出版社，2000，頁103。

　　這種缺陷集中體現爲金融管制體制無法適應過快的金融自由化。這實際上陷入了一種「管制陷阱」：一方面美國爲代表的西方國家爲了防範金融風險加強和完善了金融管制，這不僅產生了規範國內資本投機行爲、防止更大的風險出現的效果，而且也迫使投機資本向國外轉移，實際上起到了轉移風險的作用；另一方面爲了本國資本尋找新的投資空間，誘逼發展中國家不顧本國制度情況和實際後果加快金融自由化的步伐。而這些發展中國家與發達國家相比存在著管制上的嚴重不均衡。結果是大量投機資本蜂擁進入這些管制不力、有利可圖的國家和地區。而一旦攻擊得手，就會趁對方來不及反應迅速撤離。

　　「管制陷阱」的存在造成了近二十幾年來世界金融危機呈現出兩個基本特點：一是危機的主要發生地是發展中地區（見表5-2），二是越是發展迅速、對流動資本越具有吸引力的新興市場，越容易發生危機。到1997年東亞危機發生時，幾乎所有發展迅速的新興市場都不同程度經歷過了危機。

表5-2　1975-1997年金融危機情況

危機類型： 危機國家	危機次數	危機平均 時間	危機平均 直接損失	危機平均 間接損失
貨幣危機： 工業化國家 新興市場國家	42 116	1.9 1.5	3.1 4.8	5.6 7.6
貨幣崩潰： 工業化國家 新興市場國家	13 42	2.1 1.9	5.0 7.9	8.0 10.7
銀行危機： 工業化國家 新興市場國家	12 42	4.1 2.8	10.2 12.1	15.2 14.0
貨幣與銀行危機： 工業化國家 新興市場國家	6 16	5.8 2.6	15.6 13.6	17.6 18.8

資料來源：根據國際貨幣基金組織《世界經濟展望》1998年5月號、11月號整理。

　　在發展中國家中，到目前為止，有兩個國家有效地避開了金融危機的攻擊，它們分別是智利和中國大陸。二者在避開衝擊的手段上非常不同。智利政府實際上採取的是「托賓稅」來管制短期資本流動，而中國大陸則由於沒有開放金融市場，實行貨幣可兌換，所以限制了短期資本的

進入。另外，中國大陸的外國投資政策的重點是
吸引直接投資，這也防止了外國資本的波動性。
對於其他發展中國家來說，中國大陸與智利的做
法也許沒有太多的直接借鑑意義，但是這些做法
說明了一個根本的問題：要有效地管制短期國際
資本。當然，在全球經濟日益聯繫密切，各國經
濟進一步開放的條件下，有效地管制不等於全面
限制，那是消極的做法，而是要積極地改革國內
金融監管體制，加強國際合作，並且逐步使國內
政治、社會、經濟等領域的發展協調起來。

　　對於許多發展中國家來說，存在著一個認識
上的惡性循環：往往在危機出現後把原因歸結到
政府頭上，誘發了對政府的普遍不信任，從而導
致了政府各項措施（不管是否合理）無法有效執
行，使危機更加嚴重，引發政府垮台、政局動
盪，危機更加難以克服。出現這種惡性循環的原
因一方面在於這些國家政府能力的缺乏；另一方
面在於對市場的盲目信任，認為市場可以自動解
決各種問題。最終結果是把政府與市場之間的矛
盾極端化了，不可調和化。

　　在經濟全球化的今天，民族國家依然是最基

本的政治—經濟單位，政府依然有存在的合理性
和必要性。對於發展中國家尤其如此。政府是維
持社會秩序的唯一合法主體，而秩序的存在是經
濟增長的根本保證。正如斯蒂格利茨所說，深
化、高效和健全的金融體系對經濟的增長與穩定
是何等重要，但若離開了穩定和增長，這種深
化、高效和健全的金融體系就不可能形成。顯
然，政府在其中扮演了一個關鍵的角色，這不僅
直接體現在監管金融體系上，還體現在建立一套
鼓勵謹慎有效行爲的激勵機制上。[16]

　　在他看來，現在最大的問題是我們太過於追
求自由化以致使自由化本身成爲追求的目的。我
們並沒有系統地評估它怎麼來幫助達到我們的最
終目標——促進穩定與增長、促進競爭、保護消
費者和保證沒有受到服務的群體能得到資本。自
由化是達到這些目標的一個重要因子，但它不應
是我們制定政策的指南。因此他提出各國在金融
改革中要注意三個問題：第一，主要問題不應是
放棄管制自由化，而應是建立一個可保證金融體
系有效運作的監管框架。在很多國家，這不僅要
透過減少那些僅僅用來限制競爭的監管條例來改

變監管框架，而且要增加更有效果的監管以確保
競爭和行為謹慎。第二，所有的國家中一個基本
的監管目標應當是保證所有的市場主體都面對正
確的激勵機制：政府不能也不應該參與控制每筆
交易。在銀行體系中，除非監管能創造激勵機
制，使銀行所有者、市場、監管者能有效地使用
資訊並謹慎地行動，自由化才會發生作用。但要
做到這些並不容易。即使在最有效的監管體系
中，仍然有很大餘地去加強基於風險之上的監
管，比如不僅反映信貸風險，而且反映資本風
險。最後，即使設計了符合願望的金融體系，在
新舊體制轉換中仍然要小心。試圖一夜之間就取
消管制的努力──有時被稱作「大爆炸」──就
忽視了「後果」這一敏感問題。

　　對於發展中國家，如何協調好制度建設與快
速加入經濟全球化進程之間的關係是一個長期艱
鉅的任務，不僅需要這些國家的自身努力，也需
要建立更合理的全球經濟秩序，為它們提供有利
的國際環境。在經濟全球化的今天，沒有一個國
家有獨善其身的可能，即使是最強大的國家，因
此更需要探索新的全球經濟的保護機制。

註釋

[1] 最明顯的體現是1996年諾貝爾經濟學獎授予了兩位研究
    期權的美國經濟學家。

[2] OECD, *Asia and the global crisis: The industrial dimension*,
    OECD, Paris, 1999.

[3] 黒擇清一，〈東亞貨幣、金融危機發生的原因及影響〉，
    《社會科學情報資料》，1998，期2。

[4] 這些觀點來自費爾德斯坦對Sebastian Mllaby 的文章（"In
    Asian's mirror: From commodore Perry to the IMF," *The
    National Interest,* 1998, 52）的評論。

[5] "What Washington means by policy reform," in *Latin
    American adjustment: How much has happened?* ed. by John
    Williamson (Washington: Institute for International
    Economics, 1990).

[6] Steven Radelet & Jeffrey D. Sachs, "The East Asian financial
    crisis: Diagnosis, remedies, prospects," *Bookings Papers on
    Economic Activity,* 1998, 1.

[7] （美）詹姆斯·托賓（James Tobin），〈亞洲金融危機的
    經驗教訓〉。

[8] Samir Arnin, *Capitalism in the age of globalization* (London:
    Zed Books,1997).

[9] Jeffrey Sachs, "The IMF and the Asian flu," *The American
    Prospect,* 1998, No.37, March-April.

[10] 巴格瓦蒂，〈資本神話──商品和服務貿易與美元貿易

的差異〉。

[11] Sephen Fidler, "Departing IMF chief takes swipe at summers," *Financial Times,* 2000.1.2.

[12] 〈國際金融體系改革成為時尚〉，《國際先驅論壇報》，2000.4.18。

[13] 〈新興市場經濟國家的資金流動、經常項目赤字和金融危機〉，《國際貿易譯叢》，1998，期3。

[14] Alexandre Lamfalussy, "The changing environment of central bank policy," *American Economic Review,* 1985, 75 p.409.

[15] E. Helleiner, *States and the reemergence of global finance: From Bretton Woods to the 1990s* (Ithaca, NY: Cornell University, 1994).

[16] 約瑟夫·斯蒂格利茨，〈金融穩健與亞洲的可持續發展〉。

第六章
全球風險：
以「911」為例

　　全球化步伐的加快也帶來了風險的全球化。一方面以污染和核子技術危險為代表的現代化後果成為了困擾許多國家的問題，必須依靠全球各行為主體來合作解決；另一方面現代性的制度形態無法應對全球化過程中出現的諸多風險，需要對現有的制度形態進行反思，並打破制度形態之間的界限，尋求新的互動關係。

　　「911」事件的發生充分反映了現代性制度在應對全球化風險時的弱點。因為作為現代性核心制度的科層制國家，雖然依靠暴力壟斷對固定地域上的人口進行控制，但無法對掌握致命武器的、沒有固定居住地點的、由少數人組成的恐怖網絡進行及時有效的回應。二者的衝突雖然是局

部的，但產生的影響則是地區性的，甚至全球性
的，因爲恐怖網絡常常建立在跨國界上，最少涉
及周邊幾國，最多則可能涉及幾個大陸。要以一
個「利維坦」式的縱向結構的龐然大物來應對一
張富有彈性、伸縮自由的水平網路組織必然暴露
出科層制危機管理的弊端。[1]

一、事件之前：協調、溝通與決策

　　1995年4月19日奧克拉荷馬市爆炸案和5月30
日東京地鐵毒氣案發生之後，美國政府開始對國
內國際恐怖主義給予了新的重視。透過幾年的準
備，形成了初步的聯邦反恐怖計畫，該計畫包括
五個方面：(1)嚴格執法與調查（收集情報、防止
大規模殺傷武器走私到美國、減弱恐怖主義團體
和個人的行動能力、調查和起訴恐怖份子）；(2)
保護政府設施和雇員；(3)保護國家基礎設施（包
括交通、通訊、能源、銀行、金融機構、供水等
設備）；(4)前期準備（包括計畫、培訓、裝備
等）；(5)研究和開發。美國用於反恐怖主義的資

金也在逐年提高。到2000年，這方面的預算為八十四億美元，比過去三年增加了30％。2001年的預算達到了九十六億美元。而用於預防大規模殺傷性武器的預算從1997年的一億三千萬增加到2000年的十五億美元。為了加強國內防範，聯邦也加大了對州和地方的支持力度。在聯邦國內防範預算中，撥向州和地方的資金占大約四分之一。[2]

(一)缺乏協調與溝通

　　應該說，從「911」之前的美國政府行動來看，預防恐怖主義份子的攻擊已經進入了政府日程，並且為此建構了相當完整的框架，投入了相當多的人力與財力。但隨著「911」事件的發生以及隨後美國媒體和官方透露的訊息，「911」之前形成的反恐怖框架缺乏協調溝通的缺陷也逐步暴露出來。用「美國公民權聯盟」主席Nadine Strossen的話說，顯然，無法預防「911」災難發生的原因不是因為沒有足夠的調查力量，而是因為缺乏協調和行動。缺乏協調與合作具體體現在以下幾個方面。

　　首先，雖然和處理危機有關的現有聯邦機構
（包括中央情報局[CIA]、聯邦調查局[FBI]、國防
部[DOD]、聯邦緊急事務管理總署[FEMA]等）都
被納入了框架，但它們之間缺乏一個協調機構，
以實現各方之間的情報分享，以及在處理緊急事
務上的事前、事中以及事後合作。1996年奧運會
爆炸事件發生後，從聯邦政府的文件到不同思想
庫的報告都一直強調實現各機構之間的協調合
作，然而礙於各部門已經形成的行動習慣（這尤
其體現在中央情報局和聯邦調查局身上，它們一
直強調行動的保密和情報來源的保密）、部門的
利益以及執行者的官僚主義，並沒有取得實際的
效果。根據第六十三號總統令建立的「共享與分
析中心、核心國家基礎設施保護中心和關鍵基礎
設計保護辦公室」也沒有得到國會預算支持，更
沒有協調聯邦各部門的權威。部門之間缺乏協
調，使許多各自獲得的情報支離破碎，無法整合
在一起，更不能為判斷與決策提供合理的證據與
邏輯支撐。實際上，早在1999年，中央情報局和
聯邦調查局就分別得到了有關恐怖份子可能劫持
商用飛機撞擊五角大樓和白宮的情報。而中情局

提供的文件也顯示，「911」以前持續幾個星期
的時間內，美國情報機構在電子截收過程中已
「無意間」聽到「凱達」組織成員份子之間正在
隱約談論擬議中的一次重大恐怖襲擊行動。此
前，特工們發回中情局總部的「備忘錄」也強
調，「凱達」有意要在美國造成嚴重人員傷亡。
而聯邦調查局也在「911」之前在海外發現了一
些劫機者的可疑動向，並把其中的兩個人列入了
監視名單，但由於沒有與移民局交換情報，致使
他們兩個順利獲得簽證進入美國本土。即使對於
美國總統來說，由於習慣做法，得到的也只是各
部門的單獨彙報，比如聯邦調查局和中央情報局
每天給總統的報告都是分開的。

　　其次，部門之間缺乏協調還體現在聯邦政府
各部門內部。在聯邦調查局內部體現得尤其明
顯。聯邦調查局在各州都有分部，分部內部有嚴
格的等級和分工，並且只對上級負責。最後的協
調權交給了聯邦調查局本部。在「911」之前，
明尼蘇達和亞歷桑納鳳凰城的聯邦特工分別發現
了一些可疑的跡象。前者逮捕了 Zacarias
Moussaoui，發現他曾經接受波音飛機模擬訓

練，但對起飛和降落毫無興趣。他們還從法國情報部門獲知Moussaoui是一個恐怖份子。明尼蘇達特工曾經向總部申請搜查證，但被拒絕，他們寫給總部的十三頁的備忘錄也被刪節了許多。顯然，他們的情報並沒有受到重視。而在亞歷桑那州一名聯邦調查局工作人員Kenneth Williams也發現了類似可疑情況。他在給華盛頓總部的一份備忘錄中，提醒注意數名在美國學習飛行的中東人的同時，直接提及賓拉登的追隨者可能會滲透入全球民航系統，發動空中恐怖襲擊。他的報告也得到了和明尼蘇達報告同樣的命運。「911」事件之後，在「911」之前兩週才任聯邦調查局局長的穆勒承認由於缺乏分析人員，這兩份報告沒有得到足夠的重視。美國中央情報局前局長特納的分析更加尖銳，他指出本來可以把鳳凰城與明尼蘇達的兩份情報結合在一起，從而有可能得出更合理的判斷。沒有這樣做是一個痛苦而且本可以避免的錯誤。這個錯誤的根本原因是調查局內部部門主義，缺乏協調溝通。而情報人員相互不通氣是因爲他們不想讓對方知道自己辛苦得到的資訊。

　　第三，美國情報機構與外國情報機構之間也
缺乏協調。儘管美國能夠從其盟國那裡得到及時
的情報，但顯然後者在其分析和判斷中並沒有得
到足夠的重視。1995年以來，菲律賓有關部門一
直警告美國賓拉登集團在美國進行飛行培訓，計
畫用飛機撞擊五角大樓和世界貿易中心。此外法
國和埃及也曾經為美國提供過類似情報。可惜的
是，這些情報並沒有得到應有的注意。

　　第四，每天大量的情報與不足的情報分析能
力造成了對一些關鍵性的、細微的情報的疏漏。
美國擁有世界上最龐大的情報網，每天從國內外
收集到不計其數的資訊，但是如何對它們進行處
理，從中篩選出及時有效的情報，成為非常繁重
而且關鍵的任務。比如，中央情報局雖然獲得了
關於凱達組織的大量情報，但無論是身處「凱達」
組織內部的臥底人員，還是整個情報系統內的監
聽、截收和分析人員，當時都無法獲知「凱達」
成員會在什麼時候、什麼地點、用什麼手段發動
襲擊。一名情報官員對《今日美國報》記者說，
雖有線索無數，從中獲取有用資訊卻像「草堆裡
面找縫衣針」。曾經擔任美國司法部官員的羅伯

特‧利特就認為,這種情報處理上的問題是結構性的,分析人員完全被宏大的資訊流淹沒了。

(二)判斷與決策失當

除了缺乏協調合作之外,還有兩個因素特別值得注意。

第一個因素是對恐怖份子攻擊手段的判斷。從一九六〇年代以來,對恐怖主義已經進行了廣泛的研究。研究發現,恐怖主義的攻擊通常有兩個基本特點:一是並不試圖殺傷大量人員;二是恐怖主義者是戰術保守主義者,只滿足於使用常規武器,主要是槍支和炸彈。[3]從1995年以來美國預防恐怖主義的行動也可以看出,雖然聯邦政府把「大規模殺傷性武器」作為預防的重點,擴大了原來的預防範圍,顯然也忽視了把民用飛機作為攻擊武器的可能(通常恐怖份子劫持飛機是為了營救同夥或者達到其他目的,並不會傷害飛機上的乘客,更不可能把它當作進攻的武器)。在某種意義上說,恐怖主義份子在想像力上戰勝了美國政府。美國政府的判斷還潛在地受到其本土沒有受到過攻擊的歷史自豪感影響,這大大降

低了其對問題緊迫性的判斷。白宮發言人弗萊切
針對媒體以及民主黨議員對布希總統忽視中央情
報局提供的劫機情報的指責，反駁說，「911」
之前那種傳統劫機的可能性長期以來都是政府關
心的事情。但是這次是新的、無法預料的攻擊形
式。而且情報並沒有說被劫持的民用飛機會被用
作導彈。而且一般來說，劫機也不會在美國本土
發生，會發生在國外。[4]

　　第二個因素是總統決策。小布希是在2000年
大選獲勝後當選總統的，而「911」事件是在其
上任之後十個月的時候發生的。小布希上台後雄
心勃勃，在外交上表現出強烈的攻擊性，引起了
許多國家，尤其是伊斯蘭世界的不滿。伊斯蘭世
界的反對顯然為賓拉登組織的活動提供了很好的
掩護。而在美國國內，新上台的內閣還處於接受
工作、熟悉工作的狀態。比如聯邦調查局局長是
在「911」事件的前兩週上任的。雖然美國有著
良好的公務員體制，但是聯邦部門首腦的更換肯
定也影響到這些部門的運轉，尤其是部門之間的
協調。「911」事件之後的許多報導都指出，在
事件發生前的幾個月中，尤其是8月，布希總統

就接到了情報部門的許多警告，但是對於躊躇滿
志的新總統來說，這些缺乏具體根據的警告無法
使他做出及時準確的決策。

二、事件現場：救援與協調

「911」事件是在美國一天生活開始的時候發
生的。對於許多工作的美國人來說，他們當時正
在上班的路上。從第一架飛機撞擊世界貿易大
樓，到最後一架在賓夕凡尼亞州墜毀，整個恐怖
過程持續了不到三個小時，而最猛烈的打擊是在
前一個小時之內完成的。顯然，如此高頻率快節
奏的恐怖行動不僅出乎意料而且難以應付。從美
國政府的反應和救援行動來說，應該說是及時
的。在第一架飛機撞擊之後不到一個小時，布希
發表演說，稱此次飛機撞擊世貿大樓事件是「一
個明顯的恐怖份子攻擊美國的事件」。聯邦航空
管理局馬上停止全國的航班起飛，飛往美國的國
際航班轉往加拿大。在此後的半個小時，所有政
府部門疏散人群，包括國會山莊和白宮，聯合國

關閉。美國證監會關閉所有的金融市場，紐約市
長朱利安尼要求所有紐約市民撤離曼哈頓島南部
地區。紐約市的消防隊、警察、醫療人員以及來
自紐澤西、康乃狄克以及其他臨近州的救援隊伍
相繼趕到世界貿易中心的救援現場，開始搶救被
困人員，尋找遇難人員。救援人員在很短的時間
內實現對現場局勢的勘察與控制，並採取相關的
配套措施，如交通管制、空中巡邏、封鎖港口
等，使災難現場與周圍隔離開來。

　　救援工作的及時進行在很大程度上得益於前
紐約市長朱利安尼在一九九〇年代的積極領導。
他在任期間投入了大量資金建立了一套強大的緊
急事務管理體系，並且雇請了許多有能力的人
員。儘管如此，在救援過程中，一些問題也暴露
出來，並且直接影響到救助的效率和品質。美國
聯邦緊急事務管理總署主任喬‧阿爾伯（Joe
Allbaugh）在歐洲訪問的時候就承認在世界貿易
中心大樓倒塌之後，救援工作遇到了諸多問題，
這些問題反映了美國應付緊急事件的經驗和準備
工作的不足。[5]具體來說，這些問題表現為：

　　第一，緊急事務管理署對這樣規模和形式的

突發事件毫無心理和設備上的準備，無法在現場
協調各救援部門的工作，沒有及時把普通志願救
援人員隔離開現場，造成了現場混亂，缺乏組
織。成立於1803年的聯邦緊急事務管理總署經歷
過多次重組，並且在1979年把聯邦保險管理局、
國家預防和控制火災管理局、國家氣象服務項目
等吸收進來，成為擁有二千五百名雇員和五千名
預備人員的聯邦機構。但是在過去其大部分工作
是應付自然災害和火災等緊急情況，對於如此大
規模恐怖行動造成的破壞毫無處理經驗。

　　第二，各救援隊伍在設備上缺乏統一標準，
無法充分發揮設備的作用。這最突出地表現為紐
約州和周圍各州的救火設備和氧氣設備的介面不
同。來自紐澤西、康乃狄克以及其他臨近州的消
防隊在自己帶的氧氣用完了的時候，發現自己的
氧氣面罩無法與紐約的氧氣瓶接在一起。消防車
也無法與紐約的水龍頭接在一起。

　　第三，現場的通訊設備無法相互溝通。消防
隊、警察以及醫護人員各有自己的一套通訊標
準，許多消防隊員無法透過無線話機相互聯繫，
也無法與警方和當地醫院取得聯繫，在一定程度

上拖延了對傷員的搶救。

　　第四，在安排救援人員輪換工作上缺乏經驗。由於大量救援人員湧到現場，救援指揮者無法判斷現場的情況。許多救援人員非常激動，連續工作，疲勞過度不下火線，不僅損害了自身健康，也影響到其他救援的工作，因為他們的感覺已經麻木了。

　　這些問題在救援現場的出現實際上反映出更深層次的危機管理體制問題。現有的管理體制顯然受到了美國聯邦體制下各州保持各自獨特性的限制，各州都自己的設備標準，無法形成統一。另外，現有體制依然沒有擺脫縱向思維的習慣，只把關注點放在聯邦層次，忽視了地方相關機構的建設以及跨地方之間的協調。現有體制也是「政府中心」的，沒有考慮到非政府組織的位置和作用。在「911」事件中，一些非政府組織在給遇難者提供安慰、募集資金、組織捐血等許多事情上發揮了重要作用。但也有一些利用救援謀取私利或其他目標的情況，比如紅十字會挪用捐款等。在救援的哪個時間段、哪個場地上發揮非政府組織的什麼作用是一個特別值得思考的問

題。

三、事件之後：管理與衝突

　　「911」事件發生後，布希總統很快就宣布全
國處於戰爭狀態，並且啓動了已經建立的危機應
對機制。國家安全委員會負責總體的局勢分析和
部門協調；總統在議會的授權後具有軍事和經濟
上的決策權；聯邦調查局牽頭負責調查解決危
機，聯邦緊急事務管理總署主要負責救援等危機
事後處理，國防部等聯邦政府部門負責提供相關
的技術支援和專門性的行動。由於各部門之間權
責明確，有章可循，所以使隨後的過程顯得井然
有序。聯邦政府的監視範圍和強度也加大了。爲
了更有效地處理事件後的問題，國會通過了「愛
國法案」。而聯邦政府進行的一些調查工作成了
該法案的組成部分。美國公衆也表現出對政府行
動的強烈支持和愛國熱情。民意調查顯示，布希
總統的支持率達到了90％以上。從某種意義上
說，「911」事件振作了美國人的精神，加強了

對國家的認同感，並且為聯邦政府內部的改革以及整個危機管理機制的改革提供了動力。

(一)加強危機管理

美國政府加強危機管理的舉措主要包括以下幾方面內容：

第一，安撫人心，穩定社會。「911」事件發生後，布希總統立即表示採取必要措施保護美國人民的安全，並不顧安全人員的勸告回到白宮，9月12日早上7點就到白宮橢圓形辦公室辦公，受到恐怖事件影響的政府其他機構也恢復正常工作。紐約市長朱利安尼和布希總統親自到災難現場慰問救援人員，透過電視發表講話，鼓勵全國士氣。同時官方及時通報救援的進展情況。媒體停播了進一步刺激公衆心理的有關畫面，並且嚴格限制對「911」事件的各種負面報導，挖掘「911」事件中的感人情景。各媒體表現出高度的一致性，對於政府的行為全力支持，大力烘托和宣傳愛國主義。從而使美國公衆表現出少有的團結。

第二，加強監督和監視措施。由於「911」

事件中的劫機者多是持學生簽證入境的，所以司
法部特別加強了對學生的調查和監督。調查人員
可以查看學生檔案，同時伊斯蘭移民也受到了調
查和監視。在這個過程，司法部先後採取了檢查
個人信件（主要針對的是炭疽熱粉末信件事
件）、監聽電話、鼓勵知情人舉報（如果舉報者
正在申請移民或公民身分，那麼申請過程將加
快）等。有關部門還提出為公民辦理包括指紋資
訊或者個人資料的身分卡。這些措施雖然受到了
一些人權組織以及伊斯蘭組織的批評，但並沒有
引起太多公眾的抵制。據蓋洛普集團與奧克拉荷
馬州立大學心理系近期的調查顯示，總體上，近
五分之四（78％）的美國人願意為了獲得安全感
而放棄某種自由。30％的被調查者同意放寬探查
個人通訊（如信件、電子郵件和電話）的限制；
71％同意為所有美國居民辦理包括指紋資訊或者
個人資料的身分卡。此外，聯邦和地方的重要公
共設施也受到了嚴密的監視和保護，曾經一度在
政府網站上公布的重要資訊，比如地圖、檔案等
也被遮罩或者撤掉。

　　第三，加強現有危機管理部門。聯邦政府進

一步提高了用於危機管理的預算，不僅加強了對
聯邦相關機構的支持，而且加大了對州和地方政
府的支持。實際上，從1998年以來，聯邦政府用
於反恐怖主義的預算基本上是逐年提高。1998年
是六十五‧一六億美元，2001年度達到了九十
三‧一一億美元。2002年度的各項開支在上半年
就突破了預算。以聯邦緊急事務管理總署為例，
2002年的預算增加了三十六億美元，比上一個年
度翻了一番。

　　第四，協調現有危機管理部門的行動。美國
啟動了已有十五年歷史，由中情局、聯邦調查
局、國務院、軍方和其他地方各部門共同組成的
以「預警、制止和挫敗」為使命的「CTC」反恐
怖主義中心展開工作。同時，組建由里奇擔任主
席的國內安全小組，統帥國內反恐怖行動，積極
查找製造恐怖事件元兇。為了協調聯邦調查局與
中央情報局的情報，在給總統的每日紀要中，二
者被合在一起，統一遞送。聯邦建立了一個新的
指揮中心，稱為「部門敏感資訊溝通中心」
（SCIF），在這裡中央情報局、聯邦調查局、國防
情報署和其他部門可以協調共享情報。[6]

　　第五，建立新的機構來整合現有的反恐怖主
義力量。成立「國土安全部」的建議就體現了這
方面的努力。2002年6月6日布希發表全國電視演
說，提出成立「國土安全部」，這是自二十世紀
四〇年代以來美國政府最為重大的改組措施，建
成後將成為美國第三大政府機構，預計將有約十
七萬名雇員，年度預算達三百七十億美元。7月
26日美國眾議院投票通過總統的提案。在「911」
事件之後不久，布希曾宣布建立一個隸屬白宮的
「國土安全辦公室」，以協調各個機構的反恐工
作。「國土安全部」將對美國海岸警衛隊、邊防
和海關、交通安全管理部門和聯邦緊急事務管理
總署等機構進行統籌管理，但聯邦調查局和中央
情報局將獨立存在。根據布希的建議，「國土安
全部」將主要負責四方面的工作：(1)綜合分析從
不同部門收集到的情報資料，以便可以及時發現
針對安全的威脅。這些部門將包括中央情報局、
聯邦調查局等；(2)組織保衛關鍵基本建設，例
如：政府機構、核電站、鐵路、公路、機場以及
海港等；(3)協調、統籌和帶領美國在預防和應付
核子武器、生化武器攻擊方面的工作；(4)協調、

統籌美國聯邦應急救援工作以及參與善後的處理
等。

　　從美國各層次政府，尤其是聯邦政府的舉動
來看，顯然也認識到現有危機應對體制存在的問
題，尤其是協調和溝通上的缺陷。最典型的例子
就是一度因為情報問題成為對頭的中央情報局和
聯邦調查局在經過了幾個月的相互指責後終於達
成諒解，承諾今後不再相互指責對方在911恐怖
攻擊事件中有失職行為。據《紐約時報》6月14
日援引一位白宮官員的話說：「CIA和FBI的領導
層已經坐到一起碰面，並認識到雙方機構中的人
員多數都陷入了自己機關的官僚作風中，他們實
際上是在做著自我毀滅的工作。」

(二)問題與矛盾浮現

　　儘管如此，隨著「911」事件之後事情的發
展，一些問題或者矛盾也開始逐漸暴露出來，即
反映了改革現有危機應對機制面臨的困難，也折
射出從危機時期回歸日常狀態的複雜。這些問題
或矛盾集中體現在以下幾點：

　　首先，美國政府在制度上所做的一系列調

整，尤其是成立「國土安全部」的計畫雖然是以
協調各部門的情報和行動爲目的的，但顯然沒有
擺脫傳統危機管理或問題解方決的模式。傳統模
式有兩個基本特點：一是就事論事的解決方法，
即出現問題才提出對策；二是以政府爲中心的解
決方法，出現問題後首先想到的是設立新的政府
機構或者合併現有的政府機構。曾經在柯林頓政
府時期擔任過政府改革顧問的艾琳·卡瑪克
(Elaine C. Kamark)針對布希提出的「國土安全
部」建議評論到，這並沒有擺脫長期以來形成的
政府行動原則：發現問題，建立機構。但這對於
以鬆散網路存在於六十多個國家的恐怖主義來說
根本不適合。恐怖主義是跨邊界的，沒有明確的
領導，經常變化自己的手段，調整攻擊目標，這
已經超越了解決問題的官僚性手段。從這個意義
上說，即使成立了「國土安全部」也無法保證公
衆的安全。因此，她提出美國政府應該轉變自己
的思路，把自己建成網路化政府，使不同部門可
以跨越各種部門限制，有效地共享資訊，形成有
彈性的互動網路。[7]田納西大學策略研究專家羅
斯莫里·曼理納明確指出，布希的建議純粹是針

對目前政治危機而做出的「典型的政治回應」，
如此龐大的機構，既削弱了靈活性，更談不上快
速反應，「這本身就產生了問題」。[8]

　　第二，政府在預防危機方面的大規模舉動與
政府的財政能力的矛盾。顯然，布希政府在
「911」事件之後對於建立新型有效的危機預防和
應對機制雄心勃勃，制定了龐大的計畫，在2002
年上半年聯邦政府開支已經超出了預算，形成了
很大的赤字。許多國會議員，尤其是民主黨人對
布希政府的開支計畫持批評態度。隨著中期選舉
的來臨，國會與政府之間在預算開支上的矛盾將
更加突出。應該特別注意的是，隨著緊急情況的
逐漸解除，聯邦也在把一些一度由聯邦接管的責
任轉移到地方，這對地方的財政承擔能力提出了
挑戰。比如，由於聯邦資金用完了，在大多數地
方執行警備任務的國民自衛隊被撤走，安全事務
轉交給當地警方。在波士頓洛根機場，一百四十
多名執行保衛任務的警察就必須分成多個小組，
並接受監視和反監視、如何識別恐怖份子等方面
的訓練。他們甚至從以色列臺拉維夫的本·古里
安機場請來一位安全專家。而在紐約市警察署，

現在有兩位專門負責情報和反恐怖主義的副署
長，並且成立了一個有一百多人的反恐怖主義
局。[9]對於許多地方政府來說，反恐怖主義的費
用也將成爲其財政的一大筆開支。

　　第三，政府機構的變革與政府機構雇員的預
期的矛盾。「911」事件對於美國政府的雇員的
心態產生了較大的衝擊。在事件發生之後，從聯
邦到地方，政府工作人員表現出高昂的士氣和工
作熱情，保證了政府部門的正常甚至高效運行。
然而，如此龐大的官僚機構，尤其是聯邦機構要
保持長期的高效率是很難的，面對各種緊急事
務，其內部相互牽制、低效率和缺乏責任等缺陷
也暴露出來，這顯然與工作人員的預期產生了矛
盾。在布魯津斯研究所的「公共服務中心」指導
下，普林斯頓調查研究協會在「911」前後兩次
對聯邦雇員進行了電話調查。第一次是在2001年
2月到6月間隨機調查了1051位雇員，第二次是在
2002年3月到5月間對第一次被調查者中的673人
進行了家庭調查。調查顯示美國聯邦政府的雇員
對自己工作滿意程度下降了，士氣低落了，對本
機構的信任感也下降了。根據「公共服務中心」

主任和調查報告起草人保羅‧萊特（Paul Light）
分析，這一部分可歸因爲「911效應」。聯邦雇員
透過「911」事件進一步認識到了官僚主義在處
理「911」事件中的弊端。[10]

　　第四，政府控制與公民自由權的矛盾。在危
機期間，政府必然要加強對社會的控制，繞開法
律規定，對個人自由的限制與干預。這在非常強
調個人自由權的美國也不例外。「911」事件之
後，美國政府加強了對私人信件的檢查、電話的
監聽，甚至鼓勵告密。這些似乎更加與美國的政
治文化傳統相悖。然而，儘於恐怖主義的潛在威
脅，大多數公衆並沒有表現出對政府行動的不安
和不滿，甚至反對一些持批評意見的人，使美國
社會的不同聲音顯得非常微弱。[11]著名法學家和
法官波斯納針對這個問題指出，這說明了「公共
安全利益」和「自由權利利益」是不同的。他認
爲雖然二者沒有絕對優先性，但有相對優先性，
在不同時間、地點有不同的表現。一般來說，環
境越安全，自由權利越優先；環境越危險，公共
安全利益越重要。[12]波斯納的理解毫無疑問是正
確的，但是現在的關鍵問題是一旦政府加強了控

制，什麼時候才能解除控制，恢復原來的自由，甚至為個人自由增加新的內容。

第五，國內的種族矛盾。長期以來，種族矛盾就是美國社會生活的一個重要問題。「911」事件發生後，在一些城市就出現了穆斯林經營的商店、居住區以及清眞寺受到白人攻擊的事件。甚至一些亞裔社團也受到了衝擊。政府情報部門也加強了對中東人，特別是學生的監視，在「911」之後的三個多月裡，逮捕了一千多人。在機場穆斯林打扮的人經常是檢查的重點。對穆斯林的恐懼感甚至擴散到居民的日常生活中。在一些社區，穆斯林的出現有時會引起巨大的恐慌。[13]而對定居在美國的穆斯林來說，其正常的生活也被破壞了，有的甚至無法成為政府雇員。顯然，種族關係的緊張必然影響到國內社會的長期穩定。

四、全球化與網路化管理

科層制的政府壟斷體制無法預防和應對網路

化的恐怖主義，必須改革現有的危機預防和應對
機制。在未來的改革中，有四個問題顯得尤其迫
切。首先，如何把整合現有的政府機構與擴展危
機應對機制協調在一起？現有部門林立，都形成
了自己一套運轉規則，必須把它們協調在一起。
同時，要把地方以及非政府組織納入危機應對機
制中，[14]給他們以合理的位置，並且作好資訊和
其他資源的有效共享。其次，如何把日常生活設
施的建設與危機設施建設有機地結合在一起？既
減少了重複建設、資源浪費，也能在危機時期，
把日常設施轉為應急設施。第三，如何把培訓緊
急救援人員和教育普通人結合在一起？一方面擴
充救援人員，提高他們的技能，另一方面提高普
通人的危機意識，加強他們的應急能力。最後，
如何取得其他國家的信任，形成一個全球性危機
應對網路？只有這樣才有可能提前預防危機的出
現，並為危機的解決提供保證。基辛格曾說過，
這一代美國領導人面臨的歷史考驗，就是他們是
否能夠利用現有的絕對力量達成國際共識和普遍
認同的規範，使之符合美國的價值和利益。然
而，如果美國繼續保持「冷戰」時期的霸權心

態，一味地實行單邊主義，那麼獲得全球的實質性支持將還有很長的一段路走。

註釋

[1] Chris Seiple, "Homeland security concepts and strategy," *Orbis,* 46(2), Spring 2002, pp.259-273.

[2] Gregory D. Koblentz, "Overview of Federal programs to enhance state and local preparedness for terrorism with weapons of mass destruction," KSG, Harvard University Working Paper, April 2001.

[3] Richard A. Falkenrath, "Analytic models and policy prescription: Understanding recent innovation in U. S. counterterrorism," KSG, Harvard University Working Paper, October 2000.

[4] Abraham McLaughlin, "Lessons from pre-9/11 warnings," *The Christian Science Monitor,* 2002.5.17.

[5] "A lesson in preparing for the worst," *Financial Times,* 2002.4.23.

[6] Abraham McLaughlin, "Lessons from pre-9/11 warnings," The Christian Science Monitor, 2002.5.17.

[7] Elaine C. Kamark, "U. S. needs anti-terror networks," *Newsday,* 2002.7.11.

[8] 王如君，〈布希為何要設國土安全部〉，《人民日報》，2002.6.9，第三版。

[9] Ron Scherer, "Local officials shoulder terror-threat burden," *The Christian Science Monitor,* 2002.5.22.

[10] Paul C. Light, "The troubled state of the Federal public serv-

ice," www.brookings.edu/publicservice. 調查發現了五個變化：(1)更多的聯邦雇員在2002年的工作目的不是實現成就而是獲得經濟收益（從2001年的31％增加到41％）；(2)更多聯邦雇員認為政府無法提供富有挑戰性的工作（增加了3％）；(3)更多的聯邦雇員相信自己的機構無法提供更好完成工作的必要手段；(4)聯邦政府更難實現勞動與報酬的對等；(5)聯邦雇員更難獲得普通公眾的信任和尊重。

[11] John Nichols, "The online beat," *The Nation,* 2002.5.16

[12] Richard Posner, "Security versus civil liberties," *The Atlantic Monthly*, 2001.12.

[13] 筆者在哈佛大學留學期間，就遇到過一件有趣的事情。幾個穆斯林打扮的人為了孩子轉學到當地的布魯克林中學考察情況，因其停留時間過長引起校方的警覺，然後報警，造成了整個地區的混亂。

[14] Juliette N. Kayyem, "Anti-terror plans must include all," *The Boston Herald*, 2001.11.13.

第七章
全球治理與
全球公民社會

　　全球化的發展帶來的一個直接後果就是全球性問題的增多與現有政治實體管理能力不足之間矛盾的加劇，因此如何動員全球範圍的力量來解決全球性問題成了一個非常現實而且迫切的問題。全球治理和全球公民社會思想似乎為實現這個目標提供了思維的框架和可供選擇的路徑。前者強調要實現包括國家、國際組織、非政府組織等在內的各政治社會主體的協調與合作；後者強調要發展跨國社會力量，彌補政治權力的遺漏。雖然二者的側重點不同，但是目標基本一致，即在全球問題上用多元主義取代國家中心論。

一、全球政治的出現

　　人類政治思維的發展在很大程度上取決於政治單位的變化。從城邦到領土國家，再到民族國家，這些不同範圍的政治單位不僅提供了政治活動的框架，而且為政治家和思想家設定了不同的問題。從民族國家成為世界主導性政治單位以來，政治思維也發生了相應的變化，國內／國際、內部／外部以及領土／非領土的「二分法」成為基本的方法，民族國家成了認識和分析的核心。全球政治的出現對這種思維和認識方法提出了挑戰。

　　所謂的全球政治指的是政治關係在空間和時間上的延伸，政治權力和政治活動跨現代民族國家邊界的擴展。[1]我們無法確切劃定全球政治出現的時間，但是我們可以肯定地說，二次大戰以來出現的幾個變化推動了全球政治的明顯化和固態化。這些變化是：(1)技術的變革，特別是資訊通訊技術的變革為全球溝通的實現和加深提供了

物質基礎；(2)多種國際活動主體的出現。其中最
引人注意的是非政府組織和跨國公司，它們作爲
非政治力量，不僅成爲全球社會和經濟領域中的
重要角色，而且影響著主權國家的行爲，甚至在
一定程度上擺脫了國家的束縛來追求自己的目
標；(3)國家間聯繫的加深，冷戰結束後，各種聯
繫的發展尤其迅速。僵化的意識形態隔閡被更靈
活、更全面、更實際的指導思想所取代。各國在
積極參與既有的國際組織活動的同時，還主動爲
新組織的建立做準備；(4)全球問題的出現和增多
不僅爲全球意識的具體化提供了基礎，而且眞正
動搖了根深柢固的「國家中心論」，爲尋求解決
的新途徑提供了直接推動力。溫室效應、核子威
脅、河流污染等諸多問題，無法透過由單個國家
和現有的國際機構和國際組織解決，必須依靠全
球各個主體之間的協調合作，並且探索新的方
法；(5)政治權威的重新配置限制了國家行動的自
主性和有效性。在許多學者看來，由主權國家壟
斷的權威正在「向上」「向下」轉移。超國際組
織和國家內部的各種團體、組織都在不同程度分
享著國家的權威。

　　全球政治是相對於國內政治、國際政治而言
的，與二者的區別主要體現為：(1)政治活動的範
圍是全球性的，包括了全球每一個角落，而不是
民族國家內部或少數幾個國家之間；(2)活動的主
體是多元的，而且與傳統的國際政治主體相比，
不只局限於民族國家，還包括了國際組織、非政
府組織、跨國公司、公民個人等各種參與到全球
事務中的主體；(3)各個主體之間形成了全球性的
聯繫網路。雖然在這個全球性網路中，局部的聯
繫密度有所不同，但是每一個主體幾乎都不可能
使自己孤立起來，與整個網路脫離；(4)存在著具
有全球性影響的問題。這些問題涉及到或者可能
涉及到全球每一個角度的主體，在很大程度上關
乎人類的命運。全球政治的出現並不等於完全取
代了民族國家政治，形成了新的政治活動單位，
它只是指明了一種正在變革中的狀態，一種未來
的趨勢。

　　正如塞納克倫斯所說：「如今我們處於昨日
的世界與明日的世界之間的一種過渡狀態，不再
能從過去傳承下來的理論框架得到哪怕只是大致
的指導。」[2]因此，面對全球政治的出現，我們

必須超越現有的思維方法，從新的視角來審視變
化迅疾的客觀現實。

二、全球治理：理念還是現實？

　　實際上，從一九七〇年代開始，國際政治學
界中，就有一些學者開始探索用新的參照單位和
思維方法來分析國際問題。例如，英國學者伯頓
（J. Burton）認為國際政治學應該研究「世界社
會」，且不能以民族國家為研究的基本單位。他
說：「當我們選擇談論世界社會而不是國際關係
時，我們正在選擇一種方法。」而基本國家的研
究「不能給我們關於世界社會的理解」。[3]而羅伯
特‧基歐漢（R. Keohane）和約瑟夫‧奈（J. S.
Nye）則認為當代世界已經處於複合相互依存
（complex interdependence）的狀態，各種非政府
組織、個人成為國際關係中重要成員，國與國之
間的聯繫在管道和深度上都大幅度提高。[4]在這
種認識的推動下，「國際規制」（international
regimes）理論出現了。所謂的國際規制指的是

「隱含的或明顯的原則、規範、規則以及決策程序，在特定國際關係領域中行為者的期望是圍繞著它們達成一致的。」[5]規制可以提供法律責任的框架，提高獲得的資訊的品質，減少合作交易成本，並且避免陷入「無政府」狀態。總之，規制是解決集體問題時實現合作的方式。雖然「國際規制」理論注意到國際聯繫的加深並且強調了實現國際合作所需要的制度建設，但是並沒有完全擺脫「國家中心論」，因為參與這些制度制定和執行的政治行為體依然是政府、政府部門等正式制度，追求的目標是建立正式的權威機構來協調各國的行動，非政府組織以及其他社會力量沒有被納入國際規制的建立過程中。同時，由於過分強調制度的重要性，忽視了支持全球政治正常運行的社會基礎。

在如何解決全球政治中的全球問題上，除了國際規制理論外，還有聯合國改革、「民主和平論」、「世界秩序模型方案」（WOMP）等理論和觀點。雖然它們都強調了不同的方面，但是帶有明顯的缺陷，或者不實際，或者帶有明顯的偏見，很難把解釋擴展到更大的範圍中，更難以為

解決全球性問題提供理論上的證明和程序上的設想。在這種困境狀態中全球治理理論逐漸顯現出來。

(一)多重涵義的治理

治理（governance）是一個有著多重涵義的術語，在不同背景下有不同解釋。英國人R. A. W. 羅茨（Rhodes）歸納了六種不同的用法：作爲最小國家；作爲公司治理；作爲新公共管理；作爲「善治」；作爲社會－控制系統；作爲自組織網路。他認爲治理應該更多地用於社會政治領域，有幾個基本特徵：(1)組織之間的相互依存。治理比政府管理範圍更廣，包括了非國家的行爲者。改變國家的邊界意味著公共的、私人的以及自願部門之間的界限變得靈活了、模糊了；(2)相互交換資源以及協商共同目的的需要導致了網路成員之間的持續互動；(3)遊戲式的互動以信任爲基礎，由網路參與者協商和同意的遊戲規則來調節；(4)保持相當程度的相對於國家的自主性。網路不爲國家負責，它們是自組織的。儘管國家沒有專門的主權地位，但是它能夠間接地並且一定

程度上調控網路。[6]另一位學者斯莫茨歸納的四
個特徵是：「治理不是一套規章條例，也不是一
種活動，而是一個過程；治理的建立不以支配為
基礎，而以調和為基礎；治理同時涉及公、私部
門；治理並不意味著一種正式制度，但確實有賴
於持續的相互作用。」[7]

　　治理作為一個概念引起世界性的重視、得到
理論界和實務界雙方的認同，首先要歸功於世界
銀行。1989年發表的報告《南撒哈拉非洲：從危
機走向可持續增長》被認為是治理觀念在其思想
中出現的標誌。這個報告初步提出了與治理有關
的一些觀點，並且把它作為分析和解釋這一地區
經濟成功國家的核心概念和原因。1992年的《治
理與發展》報告則更加系統地闡述了關於治理的
看法。治理就是各種各樣的政府性和非政府性組
織、私人企業以及社會運動「為了發展而在一個
國家的經濟與社會資源的管理中運用權力的方
式」[8]。治理包括兩個層次的涵義：一個是「技
術領域」的，強調治理就是建立「發展的法律框
架」和「培養能力」。其中包括實現法治、改進
政府管理、提高政府效率等。二是支持和培養公

民社會的發展，自願性組織、非政府組織、各種
社團等都是要發展的對象。而對公民社會的推動
涉及到提高責任心、合法性、透明度以及參與水
準，實際上就是歸權於社會。

　　世界銀行把治理納入自己的思想，並且作爲
援助發展中國家的指導原則實際上是與學術界的
一次成功的合作，大大拓展了治理思想的影響範
圍，使之成爲許多主旨爲發展的國際組織在一九
九〇年代的重要行爲原則。例如，經濟合作暨發
展組織就多次組織會議、發表許多研究成果來討
論實現良好治理的途徑。它認爲治理就是「運用
政治權威，管理和控制國家資源，以求經濟和社
會的發展。」[9]聯合國開發署也接受了這個思想
以及相應的治理標準。而在1996年，「有效治理」
是法國—非洲高峰會議年會的主題。治理成了一
個全球流行的術語。

　　對於治理的不同解釋實際上並不會造成概念
上的混亂和認識上的衝突，因爲這些不同的定義
遵循的基本原則是一致的。這些原則包括：(1)在
看待社會政治生活時，採取的是多元主義，承認
各種力量的合理性以及合作的可能性；(2)突破了

政治管理上的「國家中心主義」傾向，更加關注
社會的作用，尤其是社會形成自組織和實行自我
管理的可能性；(3)強調要把管理方式和行動結果
結合在一起，爲達成更好的結果改革管理的方式
和管理技術。

　　這些原則反映了治理概念具有的優勢：(1)強
調了管理的技術問題，避免了無謂的意識形態糾
纏；(2)從方法論上把國家與市場、公民社會看作
是可以實現合作的，改變了把三者對立起來、認
爲不可調和的長期認識；(3)強調了社會，尤其是
自組織的作用；(4)使治理概念本身更具有彈性，
能夠應用於不同的環境下，爲不同政治體系之間
達成共識和相互借鑑提供了認識上的基礎。正如
瑪麗一克勞德・斯莫茨所說：「治理是一個有用
的概念；因爲它能設計出管理共同事務的新技
術；它使我們有可能對付那些抵制國際無政府狀
態、但又不似政權那樣固定而被人們寄予期望的
機構；它引入了靈活而非標準化的機制；它賦予
多種理性與不同的合法性以一席之地；它不是一
種模式，不會成爲固定不變的東西。」[10]

　　治理的實現依靠三個層次上的變革：在制度

層次上要創造一個「中立的」國家；在社會層次
上要創造一個自由的公共領域或者公民社會；在
個人層次上要創造一個自由的「自我」以及行為
的「現代」模式。[11]對於全球治理來說，這三個
層次的變革也同樣適用。

(二)全球治理：定義

治理的概念優勢在全球治理思想中得到了進
一步體現，在一定程度上彌補了國際關係研究由
於長期局限於國家實力和正式制度而導致的目光
短淺狹窄的缺陷，為思考和解決國際問題和全球
性問題提供了更寬廣的視角。在法爾克（R. Falk）
看來，之所以採用「治理」這個術語有以下幾個
原因：(1)治理使人們注意到可以透過各種各樣的
制度和集體努力在全球範圍解決人類事務，參與
者不僅包括聯合國這樣的全球性機構，還有各種
區域性、跨國的以及地方基層的行為者；(2)「全
球治理委員會」使這個術語具體化了，它認為可
以透過治理來改善冷戰後世界的和平與安全基
礎；(3)治理概念更有彈性和分析力，避免了「全
球」或「世界」政府概念帶有的反主權嫌疑，減

弱了各國政府對這類思想的恐懼和牴觸；(4)避免
了用「國家主義」的視角來看待問題。同時，它
代表了這樣一種信念：自組織體系以及其他非官
僚化方式的權威可以不透過制度化達到有益的結
果。而且全球治理框架與傳統的國家主義框架相
比，更容易容納正在出現的全球公民社會。[12]

　　由於「治理」概念多樣化的特點，全球治理
在概念上也非常寬泛，而這正符合國際關係不斷
擴展的客觀特點。羅西瑙（J. N. Rosenau）被認
爲是全球治理思想的開創者之一。在1992年出版
的《沒有政府的治理》這本經典之作中，他把治
理概念引入了國際關係研究。他認爲，治理與統
治（govern）在概念上不同，指的是一種由共同
目標支持的活動，目標本身可能來自法律的和正
式規定的責任，也可能並非如此，而且不需依靠
警察力量來迫使人們服從。治理是一種比統治更
寬泛的現象。而且統治只存在於界限清晰的領
域，而治理則與世界秩序不可分，而且不限於單
一領域。[13]1995年，羅西瑙在《全球治理》雜誌
創刊號上提出了一個更爲明確的全球治理定義：
全球治理可以被認爲包括透過控制、追求目標以

產生跨國影響的各層次人類活動——從家庭到國
際組織——的規則系統，甚至包括被捲入更加相
互依賴的、急劇增加的世界網路的大量規則系
統。[14]顯然，羅西瑙強調的重點是全球治理的規
則性特點，儘管這裡的規則範圍更廣，包括了政
府或國家以外主體制定的規則。

　　在前德國總理威利・勃蘭特的倡議下，1992
年成立的「全球治理委員會」是全球治理最熱烈
的倡導者和宣傳者。這個委員會包括二十多位著
名的國際人士，例如委員會的首任主席是前瑞典
首相卡爾松。此外還有雅克・德洛爾、緒方貞
子、奧斯卡・阿里亞斯等人。該委員會在1995年
發表的《我們的全球夥伴關係》報告中明確了全
球治理的涵義：「治理在世界層次上一直被主要
視爲政府間的關係，如今則必須看到它與非政府
組織、各種公民運動、跨國公司和世界資本市場
有關。凡此種種均與具有廣泛影響的全球大眾傳
媒相互作用。」[15]在這個報告中，全球治理並沒
有被簡單地看作單層次上的，而是包括了從全球
到國家、地方多個層次，是立體的。

　　從目前的文獻來看，全球治理實際上被描繪

為一種處於「世界政府」和「無政府狀態」之間
的、有序的，但不完全制度化的狀態，是一種更
為客觀的、在某些方面正在被實現的理念。而且
這種理念實現的主要方式是各種規則。這種客觀
性和規則性決定了它無法擺脫國際關係的現狀，
依賴著後者，同時構想著更多的可能性選擇。如
塞納克倫斯所說：「在國際關係領域，治理首先
是各國之間、尤其是大國之間的協定與慣例的產
物。這涵蓋政府的規章制度，也包括非政府性機
制，後者謀求以它們自己的手段實現它們的願
望、達到它們的目標。治理被視為由多數協定形
成的一種規範系統。它可以在沒有政府的正式授
權和具體批准的情況下貫徹實施某些集體行動項
目。各種政府間組織，以及由非政府組織或跨國
公司推動的非正式調節程序也都包括在這種治理
之內。所以，它既是各國參加的國際談判的產
物，也是由個人、壓力集體、政府間組織和非政
府組織形成的混雜聯合的結果。」[16]

(三)全球治理的結構

　　全球治理的結構包括了橫向和縱向兩個方

面，它們共同構成了全球治理的整體輪廓。

　　在縱向上，全球治理並不只是全球性問題上的治理，而是全球範圍的治理。也就是說，全球治理包括了從全球到地方各個層次。就目前的實際發展來看，這些層次包括：全球層次的、區域層次的、國家層次的、地方層次的。如果把範圍再擴大的話，公司層次、家庭層次以及其他各種組織團體內部的治理也可以包括進來。在一些全球治理的主張者看來，只有實現了各個層次的良好治理，才能夠使全球治理得到完整全面的實現，因爲各個層次並不是孤立的，而是相互聯繫、相互作用的。而且正是這種多層次性爲國家之外的力量的發展和參與，提供了更大的空間與機會。

　　在橫向上，全球治理包括以下幾個要素：文化價值、制度以及行動。全球治理理論的提出實際上在很大程度上建立在這樣一個假定上：存在著實現全球治理的共識性文化價值基礎。沒有共識性價值，就無法產生全球各個層次上多主體之間的協調與合作。在這方面，「全球治理委員會」的論述最爲詳細。在它看來，確立一組核心價值

非常有利於全球治理的發展，因爲這些價值把全
球具有不同文化、政治、宗教以及哲學背景的人
團結在一起，並且符合他們的要求。這些核心價
值包括：尊重生命、自由、正義與公平、相互尊
重、關懷以及誠實。在該委員會看來，不僅需要
確立核心價值，還要建立全球公民倫理觀。它將
使市場和官僚機構運行人性化，而且限制個人和
團體間的無序競爭和自私的衝動。全球倫理規定
了明確的權利和責任。權利包括：安全的生活、
公平的待遇、公平生活和獲得福利的機會、透過
和平的方式來保留相互間的差異、參與所有層次
的治理、要求彌補大量不正義的自由和公平的請
願權、平等獲得資訊以及平等使用全球公共品。
所有人要承擔的責任包括：爲公共品做貢獻、要
考慮自己行爲對他人安全和福利的影響、推進包
括性別平等在內的平等、透過可持續發展和維護
全球公共品的方法來保護下一代的利益、積極參
與治理以及爲消除腐敗而工作。[17]

　　制度是全球治理結構的核心，也是許多主張
者最關注的問題。如里查德‧哈斯所說：「創造
應對全球化的制度是全世界知識界目前面臨的最

大挑戰。」[18]尤其是在經歷了1997年在東亞和東南亞爆發的金融危機之後，這種傾向更加明顯。國際各界都清楚地認識到現有國際制度無法預防並有效解決全球性問題。哪怕是地區性問題，也容易在現有制度下擴大成全球性問題。全球治理的制度分爲兩種：活動實體和活動規則。所謂的活動實體指的是各種組織和機構，它們共同分享著實現全球治理的責任和權威。對於活動實體主要有三種看法：

1. 改革現有的國際組織和機構。由於其中的許多是在二次大戰後建立的，反映了當時的國際政治力量格局以及認識水準，難以適應新的情況，有效地解決新問題，所以必須進行改革。在這些機構中最引人注目的是國際貨幣基金組織。總的來說，主流看法並不主張完全廢除現有的組織和機構，而是強調要漸進改革。

2. 建立新的組織和機構。爲了避免引起各主權國家的誤解和反對，很少有人提出要建立「全球政府」，談論更多的是建立各個具

體領域的有效組織和機構。除了原有的區
域性、國際性實體概念外，許多學者現在
提出了「超國家」（supra-national）實體概
念。與前兩個概念相比，這個概念似乎更
能體現出實體相對於民族國家的權威。
「民族國家將逐漸向超國家實體負責，有向
它們提供資訊的義務。」[19] 顯然，這些實
體的主要目的是代行國家的部分主權。

3.發展非政府組織。這種呼聲主要來自學者
和現有的非政府組織。但是由於非政府組
織力量的不斷壯大，一些國家的政府也開
始承認現實，主張為它們讓出一定的空
間，並且承認了它們的合法性，認為它們
有助於提高民主和透明度。

活動規則涉及到各個具體的領域，其達成的
過程既是各個主體，尤其是國家之間政治談判的
過程，也是技術層面上不斷創新的過程。在1998
年在柏林召開的「塑造全球化」的國際會議上，
關於活動規則的發展有三種看法：(1)建立國際管
制框架。例如拉封丹強調要建立新的布雷頓森林

體系；(2)不僅要建立國際管制框架，還要為解決最迫切的世界問題創造新工具，制定全球性政策；(3)建立國際實體、超國家實體以及民族國家之間的協調程序。這些活動規則的基本目的是建立能切實遵守的共同標準（即使是最低標準），使各個主體能夠在共同的平台上，按照同樣的規則，實現協調與合作。

最近幾年來，致力於全球治理的活動不僅數量大，而且非常頻繁。新舊各種活動實體都在積極從事著有關活動。這些活動的主要形式是會議。會議既為各種力量提供了發表自己觀點的機會，而且也是進行溝通協調的重要場所。雖然這些活動能否體現全球治理需要的文化價值和制度依然是個疑問，但是正是透過這些活動，才能夠擴大和深化溝通，並使文化價值具體化，制度得到實現。

三、全球公民社會：全球治理的基礎？

在認識層面上，治理與公民社會有著天然的

密切聯繫，沒有一個健全的公民社會，就無所謂
治理的實現，因爲治理不是國家或政府執行的統
治，而是它們與社會的平等合作，並且社會發揮
的作用應該越來越強大。把這個邏輯擴展到全球
層面，得到的基本假定就是全球公民社會是全球
治理的基礎。但是這個基礎是現實的，還是理念
上的呢？

　　雖然非政府組織在數量和種類上取得了巨大
發展，但是任何人都不敢妄下結論說，全球公民
社會已經確立了。他們承認，這些發展只是全球
公民社會出現的一種預兆和最低條件。這種判斷
的依據主要來自非政府組織或跨國社會運動組
織。以非政府組織參加聯合國大會爲例：1972年
聯合國環境大會上，有不到三百個非政府組織參
加，到1992年里約大會時，註冊的非政府組織有
一千四百個，而有一萬八千個非政府組織參加了
同時舉行的非政府組織論壇。1968年在德黑蘭舉
行的國際人權大會，只有五十三個非政府組織獲
得了觀察員身分，四個組織應邀參加了大會的預
備委員會。到1993年維也納人權大會時，二百四
十八個非政府組織獲得了觀察員身分，而五百九

十三個參加了會議。而各種非政府組織報告估計
大約有一千四百到一千五百個非政府組織參加了
大會。在1975年的墨西哥市國際婦女大會上，有
六千人參加了非政府論壇，一百一十四個非政府
組織獲得了參加正式會議的資格。1985年的內羅
畢大會上，有一萬三千五百人登記參加非政府論
壇，一百六十三個非政府組織旁聽了會議。十年
後，有三十萬人參加了北京的世界婦女大會的非
政府論壇，三千個非政府組織參加了正式會議。
[20]

　　安尼·瑪瑞·克拉克等人認為，非政府組織
主要是透過兩種方式發揮作用的。一種是遊說
（lobbying），另一種是網路化（networking）。遊
說就是透過參加各種由政府組織的會議來影響政
府。非政府組織參與的策略包括：參與國家和區
域的準備過程；協調相互之間的遊說；透過會
議，以報紙的形式傳遞資訊；增加與官方代表和
媒體代表接觸的機會等。網路化就是強化非政府
組織相互間的聯繫，通常表現為在官方會議期間
舉行非政府組織論壇。每個論壇都有自己的正式
聲明、自己的計畫和報紙，並且為每天的參觀者

提供多種活動。[21]

　　一些學者樂觀地認爲，非政府組織或跨國社
會運動組織的發展有利於全球公民社會的建立。
史密斯（J. Smith）把它們的作用歸納爲四點：
(1)跨國社會運動組織標誌了更廣泛的跨國社會網
路的存在。而這些運動組織主要是從現有的網路
和社團中產生的，後者有利於具有共同利益的個
人的互動；(2)隨著組織成員數量和品質的提高，
這些組織將爲被邊緣化的團體提供新的、持續的
機會來影響全球政治變化；(3)跨國社會運動組織
有助於把那些缺少自然樞紐或者無法在國家層面
上團結在一起，採取集體行動的選民團體凝聚在
一起；(4)跨國社會運動組織有助於產生並引導圍
繞全球問題進行的跨國公共對話和討論。[22]

　　非政府組織的發展在很大程度上是在國家控
制下進行的。國家的作用體現爲：(1)依然主導著
與主權有關的關鍵問題的討論；(2)爲非政府組織
提供活動框架；(3)在某些情況下提供必要的資金
和其他方面的支持。這使得許多非政府組織的活
動必須向國家政府作出承諾，服從國家的意志。
更爲重要的是，大多數非政府組織雖然是跨國

的，但只是由以各國爲基地的分支組織組成的相
對鬆散的團體，這些分支首先認同的是自己的國
家，因此造成的結果經常是出現內部分歧，無法
採取更有力的協調行動。

　　當然，國家也不是僵硬的，而是根據非政府
組織的發展情況，不斷調整著自己的位置和活動
方式，力使它們在自己設定的框架中行動。各國
政府基本上都承認了非政府組織的重要性，並且
主動取消一些限制，向它們開放一些會議，使它
們能夠參與進來，起到積極的促進作用。

　　非政府組織不是一個統一的整體，在很大程
度上反映了國際關係中現有的不平等。南北矛
盾、富國與貧國、發達國家與欠發達國家之間的
差異不僅割裂了組織之間的協調合作，而且導致
了組織分布的不均衡和行動能力的巨大差別。非
政府組織主要分布在北半球的發達國家，尤其是
倫敦、紐約這樣的國際性都市中。之所以這樣，
主要有兩個原因：一是主要的國際政府間組織在
這些城市辦公；二是可以獲得更多的活動資金。
當然，這種傾向正在有所改善，但依然是由來自
北方的力量主導和推動的，本土的主動性沒有得

到充分的發揮，在很大程度上限制了非政府組織
的均衡發展。分布的差異實際上也說明了組織行
動能力的區別。最強大、最積極、最有效的行動
來自北方的組織。用里約會議期間一份非政府組
織報紙的話說：「非洲人看著，亞洲人聽著，拉
美人說著，北美人和歐洲人做著。」

　　總的來說，全球公民社會依然更多地是理念
上的，現實與理念之間有著很大的差別（透過表
7-1可以看出這些差別）。而且作爲全球公民社會
主要體現形式的非政府組織能否在全球治理中起
到積極的作用還是一個疑問。一方面，這些組織
代表的只是局部的利益和要求，容易成爲單純追
求自我利益的分利集團，如果協調不好，結果更
可能是分裂；另一方面，這些組織是否具有能力
彌補國家留下的空位也值得研究，因爲供它們支
配的資源似乎難以應對全球性問題的挑戰。

四、不確定的前景

　　面對全球化的挑戰，全球治理和全球公民社

表7-1　全球公民社會的期望特徵與實證發現

術語	期望的特徵	實證的發現
全球的 (global)	參與性非政府組織數量的增加，平衡的地理分布	雖然數量有了極大提高，但是地理分布不均衡；北方的非政府組織依然占有優勢
公民的 (civil)	有利於非政府組織加入和參與的新規則；新的參與方式（所有方面）；非政府組織之間、非政府組織與政府之間更全面的互動	雖然有新規則，但是非政府組織參與的方式受國家限制，有時是武斷的限制；非政府組織間的互動更大了；但是非政府組織與國家的互動數量受國家限制
社會 (society)	非政府組織間、非政府組織與政府間就期望的行為和實質建立起相互理解（框架）	非政府組織中相互理解不斷發展；缺乏共同的非政府─國家框架；主權給實質性的非政府組織─國家協定設置了嚴重障礙

轉引自：Ann Marie Clark, Elisabeth J. Friedman, & Kathryn Hochstetler, "The sovereign limits of global civil society," *World Politics,* 1998, 51, pp.1-35.

會給人提供了一幅樂觀的圖景。然而，這個樂觀圖景在很大程度上只是邏輯意義上的，是從西方社會發展的經驗中抽象出來並擴展到全球層次上的，並沒有得到現實的充分確證。即使在邏輯

上，這個認識依然潛藏著誤導的危險。

　　首先，在民族國家依然是最牢固的政治單位的情況下，全球治理在很大程度上容易成爲少數幾個有實力大國的壟斷物。只有這些大國有實力提出有關創意並組織實施。而全球治理理論也會容易地成爲大國爲自己在全球擴張勢力的藉口。美國主導的北約在近幾年的擴張行動集中體現了這種畸形發展。

　　第二，對於急需提高國家能力、加強政治凝聚力的許多發展中國家來說，全球治理和全球公民社會理論有可能起到相反的作用，爲國家懷疑論、公民社會對抗國家的認識提供依據，使這些國家的發展陷入一種新的認識「誤區」。

　　第三，全球治理和全球公民社會思想實際上是新自由主義的具體化，是爲市場和資本辯護的、富有隱蔽性的理論外衣。如塞納克倫斯所說：「關於治理問題的論述往往來自某些似乎把經濟合作暨發展組織富國的圈子與國際政治領域混爲一談的人們，反映著諸如世界銀行和經濟合作暨發展組織之類國際組織的觀點；而後者的職能便在於爲跨國公司的經營及資本流動排除障

礙，幫助資本主義市場擴張。」[23]

　　第四，從學理角度看，無論是全球治理理論還是全球公民社會理論都帶有強烈的功能主義色彩，把實際問題簡單化了，理所當然地把建立制度、發展公民社會組織看作是解決問題的唯一途徑，沒有深入探討制度、功能性組織之間的關係及其運作的深層基礎，以及國家與公民社會之間的關係。而且由於流於制度層面的分析，忽視了現有國際關係中的不平等。

　　總之，在不確定性不斷增加的今天，我們不僅僅需要提高解決問題的效果，更需要在更大範圍內推進民主，對於非政府組織來說，這似乎更加重要。沒有全球範圍的民主，就無法減少現有的權力不平等、制約霸權主義的氾濫、為弱小的活動主體提供更公平的參與機會，更無法阻止一些代表局部利益的非政府組織墮落成排斥性、相互對立的團體，出現新的中世紀主義。[24]

註釋

[1] David Held, Anthony McGrew, David Goldblatt, & Jonathan Perraton, *Global transformations* (London: Polity Press, 1999), p.49.

[2] 彼埃爾‧德‧塞納克倫斯，〈治理與國際調節機制的危機〉，《國際社會科學》，頁91。

[3] J. Burton, *World society* (Cambridge: Cambridge University Press, 1972), pp.19-20.

[4] R. Keohane & J. S. Nye, *Power and interdependence* (Dosborn: Little Brown, 1977).

[5] S. Krasner, *International regimes* (Ithaca: Cornell University Press, 1983), p.2.

[6] R. A. W. Rhodes, "New governance: Govern without government," *Political Studies,* 1996, 154.

[7] 瑪麗—克勞德‧斯莫茨，〈治理在國際關係中的正確運用〉，《國際社會科學》，頁84。

[8] World Bank, *Governance and development* (Washington DC: World Bank, 1992), p.3.

[9] OECD, "Development Assistance Committee orientations on participatory development and good governance," Paris, OECD/GD , 1993, 93(191), p.14.

[10] 瑪麗—克勞德‧斯莫茨，〈治理在國際關係中的正確運用〉，《國際社會科學》，頁86。

[11] David Williams & Tom Young, "Governance, the World

Bank and liberal theory," *Political Studies,* 1994, XLII.

[12] Richard Falk, "The pursuit of international justice: Present dilemmas and an imagined future," *Journal of International Affairs,* Spring, 1999, 52(2).

[13] J. N. Rosenau & E. O. Czempeil, *Governance without government: Order and change in world politics* (Cambridge: Cambridge University Press, 1992).

[14] J. N. Rosenau, "Governance in the twenty-first century," *Global Governance,* 1995, 1, p.13, 17.

[15] The Commission on Global Governance, *Our global neighbourhood* (Oxford University Press, 1995), pp.2-3.

[16] 彼埃爾‧德‧塞納克倫斯，〈治理與國際調節機制的危機〉,《國際社會科學》，頁94。

[17] The Commission on Global Governance, *Our global neighbourhood* (Oxford: Oxford University Press, 1995), ch.2.

[18] Felipe Gonzales & Oskar Lafontaine et al., *Shaping globalisation* (Friedrich Ebert Stiftung, 1998), p.52.

[19] Felipe Gonzales & Oskar Lafontaine et al., *Shaping globalisation* (Friedrich Ebert Stiftung, 1998), p.55.

[20] Ann Marie Clark, Elisabeth J. Friedman, & Kathryn Hochstetler, "The sovereign limits of global civil society," *World Politics,* 1998, 51, pp.1-35.

[21] 同上。

[22] Jackie Smith, "Global civil society?" *American Behavioral Scientist,* 1998, 42(1), pp.93-107.

[23] 彼埃爾‧德‧塞納克倫斯，〈治理與國際調節機制的危

機〉，《國際社會科學》，頁100。

[24] David Rieff, "Civil society and the future of the nation-state," *The Nation,* 1999.2.22, pp.11-16.

第八章
全球化的民主化

　　「全球化」成為各個階層流行的話語是二十
世紀最後五年一個重要現象，而且隨著千禧年的
到來，這個現象依然繼續存在，並且從物質到觀
念更全面深刻地影響著、改變著包括個人、民
族、國家以及各種組織在內的社會能動者以及整
個社會結構的存在，用新的選擇和挑戰組成了讓
各方疲於應付的困境。如果可以把我們所處的時
代稱為「全球化時代」的話，那麼我們並無十足
的把握預測這個時代的前景。這不僅因為這個時
代的長時段特徵中蘊涵著太多的中短期風險和不
測，更因為上個時代留下的等級、壓迫和不平等
等遺產，依然夢魘般糾纏著我們的身心與制度；
媒體的無端鼓噪，單一化了發熱的頭腦。不論是

簡單的樂觀，還是絕望的悲觀，都有置我們於劫難不復的可能。

一、不平衡的進步與危險的不平等

　　全球化是一個不平衡的歷史進程，其中既有根深柢固的等級和不平等，也滋生著新的控制關係和差距。而這些新舊問題在特定的時間、地點有可能激化，成為顛覆全球化進程的力量。任何一種全球化理論如果忽視了權力、等級以及不平等這些範疇，就難以對全球化本身進行準確的把握，對存在的問題有效地確認。

　　固然，現有的相互依存、整合、普世主義以及趨同等概念從不同角度揭示了全球化的現象學表現，但是潛藏著理論上誤導以及被某些力量壟斷，成為自己意識形態的危險。相互依存概念假定社會或政治行為者在權力關係上是對稱的；整合指的是經濟和政治的統一過程，在這個過程中出現了共同體感、共同的命運以及共同的治理制度。把全球化理解為一個單一世界或者共同體形

成是完全錯誤的。把全球化與「普世主義」聯繫
在一起也是一樣，因為全球顯然不是宇宙（the
universal）的同義詞。對於所有的民族或共同體
來說，他們經歷的全球相互聯繫程度不同，而且
方式也不同。從這個角度，也要把全球化與趨同
區別開來。

　　在全球化進程中存在著深刻的等級和不平
等。等級指的是控制、進入以及參與全球網路和
基礎設施的不對稱；而不平衡指的是全球化過程
對不同的民族、階級、種族團體以及性別的生活
機會和福利產生了不對稱影響。也許是作者們有
意迴避這個有些敏感的詞，但顯然，這裡的不平
衡是不平等的代名詞。

　　全球化進程的等級和不平等主要體現在以下
方面：

　　第一，發達國家與發展中國家之間在經濟實
力上的差距依然很大（見表8-1），而且發展中國
家之間的差距也在拉大。隨著經濟全球化的發展
這種差距有進一步惡化的趨勢。這種趨勢突出地
體現在一些非洲和拉丁美洲國家。它們由於長期
戰亂以及殖民主義的遺患，經濟極度惡化，出現

表8-1   全球財富分配

1960-94年（％）

	工業化國家	發展中國家	前蘇聯和東歐國家
1960	67.3	19.8	12.9
1970	72.2	17.1	10.7
1980	70.7	20.6	8.7
1989	76.3	20.6	3.1
1994	78.7	18.0	3.3

資料來源：Paul Streeten, "Globalization and competitiveness: Implications for development thinking and practice," In *Economic and social development into the XXI century,* ed. by Louis Emmerij (Washington DC: Inner-American Development Bank,1997), p.143.

了第四世界化的危險，不僅與發達國家，而且與其他發展中國家的差距也在明顯拉大。

　　第二，雖然冷戰的結束使全球權力結構進入後霸權時代，但是並不等於霸權消失了。事實證明，美國的實力並沒有削弱，由於兩極體制的瓦解，在某種意義上反而增強了。它在經濟、軍事、外交、意識形態、文化諸方面都處於主導地位，並且具有在全球幾乎任何一個地方促進其利益的手段和能力。[17]它在九○年代確立的策略是維持一極之下的多極格局，積極參與全球行動，

並且力爭充當領導。有人把美國的這種行為辯稱為「仁慈的帝國主義」，認為只有它才有道德責任心和能力來維持全球秩序。[2]由於沒有了實力相當、可以正面抗衡的對手；所謂的多極相互之間存在著利益分化，基本上不可能協調行動，或採取策略上的平衡制約；美國與其他西方國家在根本利益的一致性，因此美國在某種程度上更容易實現自己的意志。[3]

第三，國際組織內部也存在著巨大的不平等。這種不平等具體體現為：(1)非政府組織分布上的不平衡。這些組織基本上都集中在北半球的發達國家，大部分以倫敦和紐約這樣的城市為總部所在地。雖然這種分布有很大的客觀性，但是在一定程度上反映了全球的不平等。[4](2)全球性的組織，特別是經濟方面上的組織基本上由西方國家主導。世界貿易組織、國際貨幣基金組織以及世界銀行雖然在推進全球經濟增長以及整合方面發揮著重要的作用，但是由於受到少數西方國家利益和價值觀念的影響，常常會為了自己的目的，而不顧發展中國家的實際情況，推行自己的政策主張。在東南亞金融危機中，國際貨幣基金

組織的行為集中地體現這一點。基辛格在批評國
際貨幣基金組織在東南亞危機中的行為時說：
「它通常以自由市場的正統概念的名義，企圖——
以一種近乎純理論的方式——一舉消除受害國家
經濟體制中的所有弱點，不管危機是不是由這些
弱點引起的。」[5]

　　第四，從另一個層面上講，資本相對於國
家、勞工的力量增強了。資本流動性的增強使管
理範圍有限的國家和相對固定的勞工陷於被動。
發達國家擔心資本從本國的流出會增加本國的失
業，加劇貧富分化，破壞長期形成的福利體制。
豪頓（W. Hutton）認為英國將出現30／30／40型
社會。即30％的人是失業或者經濟上被動的，他
們是被邊緣化了的弱勢人口，30％的人雖然工
作，但是沒有保障，40％的人有長期或終身的工
作。[6]還有人擔心發達國家中會出現第三世界
化。實際上資本、國家和勞工之間的不平衡是全
球性的，胡格威特（A. Hoogvelt）進一步指出，
「實際上，全球體系實現政治穩定的功能現在依
靠的是『排斥政治』，即把所有社會中那些沒有
優勢的團體和部分排斥出去，因為他們在全球市

場中既不能作爲生產者也不能作爲消費者實現自
己的有效功能了。」[7]

造成權力不平衡和等級存在的原因有以下幾
種：

第一，權力結構中長期存在的不平等和等級
的繼續存在是難以克服的，同時也爲新的不平等
和等級的出現提供了基礎。發達國家在全球體系
中具有先發優勢，這種優勢是長期積累而成的。
值得特別注意的是，發達國家的先發優勢除了體
現在物質力量上外，更體現在對正在形成的全球
規則的主導作用。現有的主要國際規則和國際制
度基本上都是在西方國家的主導下形成的，在內
容和運作上暗含著對西方國家的傾斜。現在，這
些制度和規則正在向全球規則轉化。之所以這
樣，有兩個主要原因，一是這些規則和制度本身
具有普遍主義的傾向，其向更高層次的轉化會減
少新規則和新制度創造的成本；另一方面，也是
更重要的是，西方國家有力地推動了它們的轉
變，因爲前者相對於發展中國家更有實力推動這
個過程，並且它們清楚地認識到，只有在這個過
程中採取主動，獲得主導地位，才可以維持既得

利益，甚至增加新的利益。出於利益的目的，西方國家希望把既有的等級結構和不平等關係帶入新的全球體系中，因此對數量衆多的發展中國家採取了各種方法，力圖分化它們之間的協同，排斥它們的進入。1999年初才被「公共公民全球貿易觀察」組織在網上公布的「投資多邊協定」（MAI）集中體現了這點。這個協定是由少數西方國家經過幾年的秘密討論達成的，對於迫切要求加入全球經濟體系的發展中國家來說，非常不利。[8]

　　第二，在集體行動能力上，發展中國家相對於發達國家較弱。曼庫爾・奧爾森認爲，一個團體的成員越多，利益越分散，其採取集體行動的能力越弱。[9]二次大戰結束後相當長一段時間中，在第三世界旗幟下團結起來的前殖民地國家在國際舞台上共同政治行動的能力較強，並且爭取到了一定的權利。但是從七〇年代開始，第三世界內部出現了巨大的分化，一些國家成爲新興的工業化國家，還有一些國家在發展上遠遠地落後。更爲重要的是，第三世界國家在反對帝國主義和殖民主義過程中形成的認同被全球市場上的

相互競爭和意識形態的單一化削弱了，在政治、
經濟、意識形態等多重層面上具有相當一致性的
第三世界被分化了。新出現的類別──發展中國
家實際上是單純的經濟意義上的。數量眾多的發
展中國家由於經濟主義的策略削弱了彼此之間政
治上的協調行動，因為在新的國際分工中，發展
中國家之間在所具有的比較優勢上是非常類似
的，在投資、市場等許多方面相互競爭激烈，不
利於協調彼此的行動。反觀西方國家，它們相互
之間的集體行動能力更強。之所以這樣，主要有
三個原因：(1)西方發達國家在制度、意識形態乃
至文化等方面具有更多的共同性；(2)它們都是現
有體制的既得利益者，並且主導著規則和制度的
修改，長期的交往使它們彼此之間更知道如何為
了共同的利益妥協、談判；(3)發達國家數量少，
也減少了相互協調行動的成本，更容易相互溝
通。因此，發展中國家在面對主導著全球經濟規
則的發達國家時，缺乏更有力的討價還價能力。
　　第三，市場具有潛在的不平等傾向。被新自
由主義主導的全球主義對市場自由和平等競爭的
過度強調實際上掩蓋了市場潛在的不平等傾向，

忽視了經濟全球化的負面效果。實際上，從亞
當‧斯密開始，西方學者就反覆警告：市場不僅
具有壟斷傾向，而且會導致強弱分化的「馬太效
應」。現在，關於市場的負面討論再次成為西方
社會的焦點。許多學者提醒說，市場的過度擴張
可能會摧毀西方的民主制度和開放的社會，造成
更大的貧富分化。[10]市場的過度擴張更影響著發
展中國家。這種影響集中體現在兩個方面：一是
市場雖然為發展中國家帶來了收益，但也在拉大
著發達國家與發展中國家之間的差距，因為前者
更容易利用市場。二是國內市場的過快開放為投
機資本提供了機會，發展中國家承擔著更大的損
失。正如墨西哥一家報紙所說：「當今的貿易是
以富國的貨幣計算的，這給它們帶來了巨大的好
處，而新興國家的貨幣只是從屬性的，會導致眾
所周知的金融危機；產品價格是以發達國家的標
準制定的；國際貿易被強大的壟斷集團所控制，
而新興國家沒有這樣的集團。」[11]

　　第四，資訊技術的發展雖然為全球權力結構
的形成提供了新的動力，但是也是新的不平等關
係和等級出現的重要原因。基歐漢和約瑟夫‧奈

針對一些未來學家宣傳的資訊技術的發展將減小強弱之間的差距的觀點指出，它在某種意義上實際上幫助了本來就強大的主體。[12]資訊技術帶來的不平等集中體現在下面幾個方面：(1)它的發展進一步加強了發達國家已經建立的技術優勢，拉大了與絕大多數發展中國家的差距，同時利用既得的優勢控制了新的經濟增長點以及發展中國家的技術發展途徑，直接導致了技術貿易上的不平等；(2)在資訊享用上，存在著嚴重的不平等。無論在資訊載體（包括報紙、書籍、電視、收音機等）的使用數量上、資訊量上，還是在全球主要媒體的分布上，西方都擁有明顯的優勢；(3)資訊技術的發展擴大了發達國家的其他優勢。最突出的代表是英語借助電腦技術的發展，成為世界上最普及的語言，為把英語當作第一語言的國家（尤其是英美）的文化傳播和擴大影響提供了有力的支持，造成了不同文化交流的實際不平等。

全球化進程中的不平等已經引起了許多方面的關注。1999年11月在西雅圖和2000年4月在華盛頓針對世界貿易組織／國際貨幣基金組織以及世界銀行這三個全球化主要制度支柱爆發的大規

模民衆抗議是一典型。2000年4月，七十七國集
團第一次領袖會議在哈瓦那舉行，會議討論的重
點之一也是批判全球化。會議東道國、古巴主席
卡斯楚在會上呼籲，「毀掉」國際貨幣基金組
織，他說：「讓這個可惡的機構和它所代表的哲
學消失，對於第三世界來說是至關重要的。」

二、文明化與民主化的微熹

　　從總趨勢來看，人類歷史是一個不斷文明
化、民主化的過程。文明化消除著野蠻和暴力，
民主化剷除著等級與不平等。全球化作爲人類歷
史發展過程中的重要階段，究竟能否爲文明化和
民主化的實現提供條件或者確定基礎呢？這也許
是困擾許多學者的一個大問題。
　　對於當代全球化的文明化與民主化的看法可
以歸納爲三種（見**表8-2**）。它們分別從不同角度
和出發點探討了全球化的政治前景。
　　著名的「全球治理委員會」是自由主義國際
主義思想的代表。這種思想中隱含著這樣一個假

表8-2 三種關於全球化文明化和民主化的設想

	自由主義的國際主義	激進的共和主義	世界主義民主
誰應該統治？	人民透過政府、負責的國際組織以及國際體制	人民透過自治的共同體	人民透過共同體、社團、國家、國際組織，它們都服從世界主義的民主法律
全球治理的形式是什麼？	多頭政治——多元主義的分裂的體系，共同享有主權	民主政治(demarchy)——沒有國家主權的功能性民主治理	異質政治(heterarchy)——分割的權威體系，服從世界主義的民主法律
關鍵能動者／工具、民主化的過程	相互依存不斷提高，關鍵的權力代理人在建立更民主／更合作的全球治理形式時有自我利益	新社會運動，全球生態、安全和經濟危機的來臨	憲政和制度的重建，全球化和區域化的加強，新社會運動，可能出現全球危機
民主思想的傳統	自由主義民主理論——多元主義、保護性民主，社會民主——改良主義	直接民主、參與民主、公民共和主義、社會主義民主	自由主義民主理論、多元主義、發展型民主、參與民主、公民共和主義
全球治理的倫理	共同的權力和共同的責任	人道的治理	民主自主
政治變革方式	全球治理改革	可供選擇的全球治理結構	重建全球治理

設：政治上的必需將推動全球化的民主化和文明
化的前進。要避免生態危機，管理當代全球化進
程導致的廣泛的社會、經濟以及政治錯位，「需
要合作精神，其基礎是協商、透明以及負責的原
則……要創造一個更美好的（民主的）世界，除
了一起工作，使用集體的力量之外，別無選
擇。」[13]在許多方面，自由主義的國際主義是一
個規範理論，它試圖把一個軟弱的國內自由民主
形式轉化成一個民主的世界秩序模式。

　　雖然自由主義的國際主義強調的是改革現有
的全球治理結構，但是激進的設想強調的是依據
某些共和主義原則創造替代全球社會、經濟和政
治組織的機制，即公共善居於顯著位置的共同體
自治。激進共和主義關注的是建立授權人民控制
自己生活所必需的條件，並且創造以平等、共同
的善以及與自然環境和諧共存的理念為基礎的共
同體。對於許多激進共和主義者來說，變革的能
動者來自現有的（批判的）社會運動，例如環
境、婦女以及和平運動，它們不僅挑戰著國家和
國際機構的權威，而且挑戰著正統的「政治」定
義。透過一種抵抗和授權政治，這些新社會運動

被認為在全球民主化中發揮了關鍵作用，如同像
勞工運動這樣的（老）社會運動在爭取國內民主
中的作用一樣。這些新運動面對全球生態、經濟
和安全危機，積極動員著跨國共同體的抵抗和團
結。它們追求的是實現社會和經濟平等，建立自
我發展必需的條件，以及建立自我管理的共同
體。要在公民中鼓勵和培養一種歸屬感，具有共
同利益和情感的、重疊的（本土與全球）的共同
體是它們嚮往的對象。這不僅是新社會運動政治
的核心，也是追求新的、符合自我管理的共和主
義原則的社會、政治以及經濟組織模式和形式的
核心。激進共和主義模式是一種「從下至上」實
現全球秩序民主化和文明化的理論。它代表著一
種「人道治理」的規範理論，這種治理的基礎是
存在著多樣的「命運共同體」和社會運動，而不
是自由主義的國際主義主張的那種個人主義和理
性的自利。

　　第三個是世界主義設想，它試圖為那些現在
超出了民主控制的權力規定可以使之負責的原則
和制度安排。這種觀點認為，在下一個千年，每
一個國家的公民將必須學會成為「世界公民」，

即一個能夠協調（mediating）民族傳統、命運共
同體以及其他生活形式的人。[14]在未來的民主政
治體中，公民權可能涉及到一個不斷協調的角
色，它要與其他人的傳統和話語對話，目的是擴
大自己的意義框架，並且提高相互理解的範圍。
能夠「從其他人的觀點出發進行推理」的政治能
動者將更適合解決、而且是公平地解決新的、富
有挑戰的、創造了重疊的命運共同體的跨邊界問
題與過程。此外，世界主義設想主張，如果諸多
的當代權力形態要變得負責，而且如果影響我們
所有人的複雜問題——本土的、國家的、區域的
以及全球的——要得到民主的管制，那麼人民就
必須進入各種政治共同體，並且成為其成員。換
句話說，在新的千年，民主的政治共同體必然是
公民擁有多種公民身分的世界。面對命運共同體
的重疊，它們不僅需要成為自己共同體的成員，
而且要成為生活於其中的更廣地區以及更廣的世
界秩序中的成員。為了反映各種問題和困難，肯
定要建立必需的制度，因為這些問題和困難把每
一個國家的人民都聯繫在一起，不論他們生在何
處，養在何方。

　　在此基礎上，世界主義的倡導者堅持認為，
需要把民主考慮為一個雙重過程，所謂的雙重指
的不僅是國家共同體中的民主深化、國家和公民
社會的民主化要不斷發展，而且還指民主形態和
過程要擴大到領土邊界之外。在新的千年，民主
必須允許世界主義公民參與、適應這些跨越和改
變了他們傳統的共同體邊界的社會、經濟以及政
治進程和流動，並且使之對公民負責。這個設想
的核心是重新認識合法的政治權威，把它與其在
固定邊界和明確領土範圍內的傳統基點分離開，
而且把它看作基本的民主安排或民主法律的一個
標誌。原則上，這些安排和法律能夠在多樣的自
我調節社團——從城市到國家內部的地區，到民
族國家、區域以及更廣泛的全球網路——得到鞏
固並且從中汲取有益之處。顯然，隨著政治權威
和治理的合法形式從民族國家「向下」、「向上」
以及「平行」分散，這種分離的過程已經開始
了。但是世界主義設想有利於這種進程的全面擴
展，因為實現廣泛民主權利和義務的信念為它提
供了規範與限定。它提倡一系列短期和長期措
施，因為它確信，透過一個遞增的、增量的變革

過程，地緣政治力量將逐漸被社會化爲民主的機構和慣例。

在這三種設想中，自由主義的國際主義和世界主義是西方思想的主流，並且得到了官方的採納或默認，獲得了制度上的支持。相比之下，激進共和主義主要集中在民間，是許多社會運動和非政府組織的基本理論支柱，並且由於反映了許多發展中國家的看法，在發展中國家中也有許多追隨者。

儘管它們之間在具體問題上有所分歧，但是都承認，現有的以民族國家爲中心的治理方式無法應付全球化帶來的各種問題。

首先，包括愛滋病、狂牛病、瘧疾的傳染、使用非再生資源、管理核廢料、移民文化以及大規模破壞性武器的擴散等在內的各種跨國界問題的出現，使單個的民族國家無法依靠自己的力量單獨解決，必須尋求與其他民族國家的協調與合作，而在協調合作過程，則需要國際組織的支持。這樣，不僅國內事務與外交事務、國內政治問題與外部問題、民族國家的主權關注與國際考慮之間的界限被削弱了，而且更重要的是，傳統

意義上的國家職能無論在觀念上還是在實際應用
上都受到了挑戰。

　　其次，全球變革已經影響到我們對民主的政
治共同體的理解，傳統上我們把民主理解爲，在
實質上，民主依靠的是使政治決策向明確的政治
共同體的公民負責。今天，人們認識到，民主的
實質依靠的是公民是否有權獲得公共領域的資
源、參與其程序的複雜過程——這種權利反映了
經濟因素、文化過程以及社會參與的複雜模式。
那麼，在這樣一個相互聯繫日益緊密的時代，代
議制（誰應該代表誰以及根據是什麼）和政治參
與的恰當形式和範圍（誰應該參與、使用什麼方
式）究竟如何體現呢？隨著治理的根本過程擺脫
了民族國家範疇，解決民主理論和實踐中的關鍵
問題的傳統方法顯得日益難以應付。

　　最後，傳統的國家主權和自主觀念受到了挑
戰。政府或者國家無法再被簡單地論證爲適合特
定封閉的政治共同體或民族國家。命運政治共同
體——自決的集體——的觀念無法有效地適用於
單個民族國家邊界內。決定著政治共同體中的生
活機會本質的某些最根本力量和進程現在超出了

民族國家的範圍。國家要與區域以及全球層面上
的各種力量和能動者分享、交換、爭奪有效的權
力。換句話說，我們必須認識到，政治權力正在
被重新定位、更換新的背景，而且在一定程度上
被其他更少依靠領土、但重要性不斷增強的權力
體系改變著。政治權力現在被夾在更加複雜的權
力體系中，這些體系隨著時間的發展相對於國家
權力變得更加突出。

簡而言之，民族國家在治理範圍上無法覆蓋
全球化問題。這是全球化進程中最根本的矛盾。
在解決這個矛盾的問題上，三種思想都主張全球
治理，儘管各自強調的側重點有所不同。激進共
和主義強調的是權力向下轉移，更充分地發揮地
方、共同體、自組織以及個人的作用；自由主義
的國際主義和世界主義雖然都主張發揮現有的制
度效力，但是後者似乎主張更全面層次上的治
理，即重建全球治理結構，發揮國家、個人、非
政府組織以及各種國際組織的作用。這種思路實
際上是九○年代以來興起的「公民社會」理論從
國內向國際層次上的擴展。但是這樣的全球治理
能夠遏制全球化的負面影響、創造文明化和民主

化的全球化嗎？

　　答案顯然是：有可能，但不確定。

三、警惕全球化成爲一種新的意識形態

　　托夫勒夫婦在談到目前的全球化討論時指出，迄今爲止我們聽到的要麼是國家主義的煽動性言論，要麼是一些經濟學家被少數國家和企業所利用發表的自私自利的駁斥性言論。他們認爲在現在的討論中存在著五個關於全球化的神話，它們蒙蔽和扭曲了對於全球化的全面認識。這五個神話是：全球化等於自由化；全球化不可避免；全球化將在經濟各個領域均衡發展，從而創造出一個「平等的活動平台」；全球化將扼殺民主主義；全球化對任何人都是一件好事（或壞事）。[15]托夫勒夫婦的批評性意見非常有道理，同時也提醒我們應該深入思考目前關於全球化的爭論。

　　目前在中國大陸有兩個最爲流行的全球化理論：一種是新自由主義的；另一種是西方左翼

的。這兩種理論雖然出發點和觀點不同，但是都有上升爲西方新的意識形態的可能。

新自由主義的全球化理論代表了西方政府和跨國資本的根本利益。在全球化問題上有兩個基本的主張：一是強調市場至上，由此推導出各國、特別是發展中國家開放國內市場、減少國家干預的必然。在這個主張的背後潛藏著英美文化中的「國家懷疑論」。對於發展中國家來說，這種論調非常危險。因爲這些國家由於歷史原因，沒有像西方國家那樣實現充分的民族國家建設，社會與國家之間的適度關係沒有建立起來，在全球化進程中最迫切的任務之一是儘快完成這個任務。而接受這種觀點實際上意味對國家和政府的不信任，必然導致民族國家建設的受阻，無法從根本上避免全球化對本土文化以及民族認同的衝擊。二是主張實行全球治理，即認爲國家應該與不同層次、不同類型的國際組織、私人組織等全球行爲主體共同協作，解決全球問題。這種看法實際上是從國家－市民社會模式中推導出來的。瑪麗－克勞德・斯莫茨針對這種被西方主要國家以及包括世界銀行在內的國際組織推崇的主張批

評到，「它設計的社會生活是天下太平，無視那
些你死我活的爭鬥、對他人實行直接統治的現
象，以及因國際社會中若干部分之難以控制而引
發的種種問題。……全球治理的基本標準是效
益：處理爭議、解決問題的效益，調和各方利益
的效益。這當然對大家有利。但是，既然不存在
中央組織和全球性的參照系統，市場便成為當今
世界上唯一起作用並影響一切相互作用的社會子
系統的調節者，而『全球治理』很可能不過是一
件理想主義、舉世歸心的外衣，下面隱藏著最狡
詐的經濟自由主義。」[16]對於發展中國家來說，
這個主張的危險遠遠不只這些。全球治理實際上
是以西方為中心。這個主張的進一步邏輯推演是
「國家主權有限論」以及國際干預的合理化。

　　西方左翼的全球化理論在揭露全球化的負面
影響上非常深刻，但也有潛在的危險。這集中體
現在兩個方面：一是它對全球化負面效果的過度
強調為抵制全球化的力量提供了藉口，實際上為
不同形式的保守主義提供了根據。無論從哪一個
角度來說，對於發展中國家都是非常不利的。從
發達國家內部來說，這種主張容易助長一些被認

爲受到全球化損害的團體對政府施加壓力，對發展中國家採取經濟上的制裁，或者對國內的移民採取排斥態度；而從發展中國家內部來說，則會成爲一些既得利益集團阻撓這些國家對全球化的積極介入以及內部的必要改革。二是隨著左翼政黨在西方主要國家的執政，左翼理論實際上正在被官方化。在承認既定制度的前提下，官方化的左翼理論所辯護的對象實際上從勞工轉變成了跨國資本和國家。「第三條道路」理論的提出集中代表了這一點。被官方化的左翼理論爲西方國家的對外行爲、特別是干預別國內部事務提供了更全面的證明，因爲在西方左翼理論中，有一個根本性的假設：社會公正、保護弱者是最重要的，可以透過國家或政府的行爲實現這個目標。這個假設從民族國家層面上升到全球層面，必然會推導出，爲這個目的採取的任何跨國界行動都是合理的。在科索夫危機中，我們清楚地看到了這種邏輯帶來的災難性後果。

　　歷史反覆證明，任何一種理論如果成爲霸權，帶來的結果必然是對不同聲音的扼殺以及整個社會批評意識的弱化。在民族國家依然是全球

結構的中心、民族國家之間的關係是最根本的關
係的今天，這種理論霸權會成為一些國家攫取更
大利益、採取暴力行動的合法性證明。因此，發
展中國家應該首先清楚自己在全球化進程的地
位，並根據實際情況建構自己的認知體系，只有
這樣才有可能使國家和社會達成更和諧的關係，
為國家的行動提供更有說服力的論證。

註釋

[1] 杭廷頓，〈孤獨的超級大國〉，《外交》，1999，3-4月號。

[2] 羅伯特・卡甘（Kagan），〈仁慈的帝國主義〉，《交流》，1999，期3。

[3] 杭廷頓認爲在過去幾年中，美國一直在這種「仁慈的霸主」的信念下採取下述行動：向他國施壓要它們接受美國有關人權和民主的價值觀和做法；阻止他國獲得可能會對美國的常規優勢構成挑戰的軍事能力；在其他國家的領土上或在其他社會中強行實施美國法律；根據他國執行美國有關人權、毒品、恐怖主義、核子擴散、導彈擴散，現在又是宗教自由等方面的標準的情況加以分門別類；對達不到美國有關這些問題的標準的國家實行制裁；打著自由貿易和公開市場的旗幟推動美國公司的利益；從服務於美國公司利益出發制定世界銀行和國際貨幣基金組織的各項政策；干預相對而言與其沒有多少直接利害關係的地方性衝突；脅迫他國奉行有利於美國經濟利益的經濟政策和社會政策；推動美國在海外的武器銷售，同時阻止他國進行類似的行動；逼迫前聯合國秘書長下台，操縱現秘書長的上台；擴大北約；對伊拉克採取軍事行動和經濟制裁；把某些國家分類爲「胡作非爲國家」，把他們拒於全球體系的大門之外，因爲他們不願意服從美國的意志。〈孤獨的超級大國〉，《外交》，1999，3-4月號。

[4] Jackie Smith, "Global civil society?" *American Behavioral Scientist*, 1998, 42(1).

[5] 基辛格，〈全球主義的危險〉，《華盛頓郵報》，

1998.10.5。

[6] W. Hutton, *The state we are in* (London: Jonathan Cape, 1995).

[7] Ankie Hoogvelt, *Globalization and the postcolonial world* (Baltimore, May: The Johns Hopkins University Press, 1997), p.147.

[8] William K. Tabb, "Progressive globalism: Challenging the audacity of capital," *Monthly Review,* 1999, 50(9).

[9] 曼庫爾·奧爾森，《國家興衰探源》，商務印書館，1992。

[10] George Soros, "The capitalist threat," *The Atlantic Monthly,* 1997.2

[11] 〈不平等的北南貿易〉，《至上報》（墨西哥），1998.3.14。

[12] 他們提出了四個理由：(1)在獲得資訊權方面，存在著進入以及規模經濟的障礙；(2)獲得和生產新的資訊需要高投入＿(3)先行者常常是資訊系統的標準和構造的創造者；(4)在軍事力量依然具有重要意義的情況下，資訊技術幫助了實力強的一方。Robert O. Keohane & Joseph S. Nye, Jr., "Power and interdependence in the information age," *Foreign Affairs,* 1998, 77(5).

[13] The Commission on Global Governance, *Our global neighbourhood* (Oxford: Oxford University Press, 1995), p.2, 5。

[14] 大衛·赫爾德等，《全球大變革》，楊雪冬等譯，北京：社科文獻出版社，2001。

[15] 托夫勒夫婦，〈全球化神話的陷阱〉，《讀賣新聞》（日本），1998.11.2。

[16] 瑪麗—克勞德·斯莫茨，〈治理在國際關係中的正確運用〉，《國際社會科學》，1999，期3。

國家圖書館出版品預行編目資料

全球化 = Globalization / 楊雪冬著. -- 初版.
-- 台北市：揚智文化，2003[民92]
面； 公分. -- （文化手邊冊；62）

ISBN 957-818-503-0 （平裝）

1. 社會變遷 2. 世界主義 3. 國際經濟

541.4   92004736

全球化

著　　者／楊雪冬
出 版 者／揚智文化事業股份有限公司
發 行 人／葉忠賢
總 編 輯／林新倫
執行編輯／晏華璞
登 記 證／局版北市業字第1117號
地　　址／台北市新生南路三段88號5樓之6
電　　話／(02)2366-0309
傳　　眞／(02)2366-0310
E-mail／book3@ycrc.com.tw
網　　址／http://www.ycrc.com.tw
郵撥帳號／19735365
戶　　名／葉忠賢
印　　刷／偉勵彩色印刷股份有限公司
法律顧問／北辰著作權事務所　蕭雄淋律師
初版一刷／2003年6月
定　　價／新台幣200元
ＩＳＢＮ／957-818-503-0